AF312277

TABLE

DES
EDITS, DECLARATIONS,
ORDONNANCES, ARRESTS,
ET REGLEMENS
CONCERNANT
LES FERMES ROYALES - UNIES

Rendus pendant la sixiéme année du Bail de
Me PIERRE CARLIER.

*Commencée le premier Octobre 1731. & finie le dernier
Septembre 1732.*

A PARIS;

Chez PIERRE PRAULT, Imprimeur des Fermes & Droits du Roy,
Quay de Gesvres, au Paradis.

M. DCC. XXXIV.

TABLE

DES

EDITS, DECLARATIONS,

ARRETS ET REGLEMENS,

Rendus pendant la sixiéme année du Bail de Me
Pierre Carlier.

*Commencée le premier Octobre 1731. & finie le dernier
Septembre 1732.*

Concernant les Cinq Grosses Fermes , Domaines
d'Occident, Tabac, Commerce & Manufactures.

Du 2. Octobre 1731.

A RREST du Conseil, portant que par le Sieur de
Vastan , Intendant & Commissaire départi en la
Generalité de Caën , il sera procedé à l'adjudication au rabais, & moins disant , en la maniere accoutumée, des Ouvrages à faire pour le rétablissement du Port
de Cartret, suivant & conformément au Devis qui en a été
dressé par le Sieur de Caux , Ingenieur , le 20. Novembre
1730. au lieu de celui du Sieur de la Brosse du 18. Novem-

bre 1726. & ordonne au surplus que l'Arreſt du 3. Juillet 1731. qui avoit ordonné le rétabliſſement dudit Port, ſera executé ſelon ſa forme & teneur, en ce qui n'y eſt point dérogé par ledit Arreſt, &c.

Du 2. Octobre 1731.

Arreſt du Conſeil, qui déboute Jeanne Audibert, veuve Jean Teller, Marchande à Marſeille, de ſa demande, & la déclare mal-fondée dans ſes prétentions, tendantes à ce que Loüis Bourgeois, ſubrogé à Charles Cordier, chargé de la régie des Fermes Generales-Unies, ſoit condamné en cent cinquante mille livres de dommages-interêts & dépens envers elle, reſultans tant de la ſaiſie faite le vingt-trois Mars 1726. dans le Port de Marſeille, du Vaiſſeau le Saint Victor, dit l'Aventurier, & des marchandiſes qui compoſoient le chargement à elle appartenant, que de l'empriſonnement fait de ſa perſonne, pour s'être trouvé dans ledit Vaiſſeau des armes & autres marchandiſes de contrebande mêlées avec d'autres dont la ſortie eſt permiſe.

Du 2. Octobre 1731.

Arreſt du Conſeil, qui ordonne avant faire droit ſur la Requête de Pierre Carlier, Adjudicataire des Fermes Generales-Unies, que M. le Procureur General au Parlement & Cour des Aydes de Grenoble, envoyera inceſſámment à M. le Controlleur General des Finances, les motifs de l'Arreſt de ladite Cour du 26. Juin 1731. qui a ordonné l'execution d'une Sentence du Juge des Traittes de Briançon, laquelle avoit admis une inſcription formée par le nommé Jouet, contre un Procès verbal, portant ſaiſie de 1462. livres peſant de fer venant de Savoye, & entré en fraude, quoique ledit Jouet n'eût ſatisfait à aucunes des formalités preſcrites par la Declaration du 12. Mai 1727. pour leſdits motifs vûs & examinés au Conſeil, être ordonné ce qu'il appartiendra, toutes choſes juſqu'à ce demurantes en état.

Du 2. Octobre 1731.

Arreſt du Conſeil, qui évoque & renvoye pardevant le Sr de Harlay, Conſeiller d'Eſtat, Intendant & Commiſſaire départi en la Generalité de Paris, les procedures qui peuvent avoir été commencées en quelque Juriſdiction que ce ſoit, à l'occaſion d'une ſaiſie de Tabac de contrebande, & autres faits mentionnés dans le Procès verbal des Employés des Fermes du 19. Mai 1731. pour leſdites procedures, ſi aucunes ont été faites, être par lui continuées, & le Procès fait & parfait, tant aux Contrebandiers, leurs Complices, Participes ou Adherans, qu'au nommé Guillaume Aubry, Cabaretier du Village de Loiſy, & icelui jugé ſouverainement, & en dernier reſſort, en appellant avec lui le nombre de Gradués requis par l'Ordonnance : Permet audit ſieur de Harlay de ſubdeleguer pour l'inſtruction, & de commettre pour faire les fonctions de Procureur du Roy en ladite Commiſſion, tels Officiers qu'il voudra choiſir : Ordonne en outre que les charges, informations & autres procedures, ſi aucunes ont été faites, ſeront inceſſamment remiſes au Greffe de ladite Commiſſion.

Des 3. Octobre 1730. *& 4. Octobre* 1731.

* Declaration du Roy & Inſtruction, portant reglement general pour la régie & perception du Droit de Capitation aux Iſles & Terres Fermes du Vent de l'Amerique, *contenant vingt-trois Articles, &c.*

Du 8. Octobre 1731.

* Département de Meſſieurs les Fermiers Generaux, pour le ſervice des Fermes Royales-Unies pendant la ſixiéme année du Bail de Me Pierre Carlier, &c.

Du 9. Octobre 1731.

* Ordonnance du Roy, pour l'entretenement du Regiment

Suiſſe de Karrer, au ſervice de la Marine, *contenant trente-huit Articles, &c.*

Du 9. Octobre 1731.

*   Arreſt du Conſeil, qui déboute le nommé Evrard, Marchand Tanneur à Givet, de ſa demande en caſſation d'une Ordonnance de M. de Sechelles, Intendant du Haynault, par laquelle il a été condamné en trois cens livres d'amende, pour avoir fait voiturer des Cuirs de Givet à Saint Paul en Artois par des chemins obliques, & dont partie deſdits Cuirs étoient marqués de fauſſes marques ; enſuite duquel Arreſt eſt le Procès verbal de ſaiſie, avec l'Ordonnance dudit Sieur de Sechelles, qui prononce ladite amende de trois cens livres, & fait un Reglement pour la marque & le tranſport des Cuirs de Givet pour les Villes de la Flandre & de l'Artois, &c.

Du 23. Octobre 1731.

Arreſt du Conſeil, qui caſſe une Ordonnance renduë par le Lieutenant du Maître des Ports au Département d'Auvillars le 15. Février 1725. par laquelle il avoit été prononcé la confiſcation de trois pieces d'Eau-de-Vie ſaiſies ſur le nommé Roziéres, Maître Tonnelier, Habitant de la Paroiſſe de Saint Loup, Juriſdiction de Mortagne, au Pays de Bruillois, & juge que les Habitans dudit Pays ſont exemts des Droits de la Traitte Domaniale & Foraine pour les Denrées & Marchandiſes de leur crû qu'ils feront paſſer en Guyenne & Agenois, conformément aux Arreſts du Conſeil des trois Decembre 1609. 20. Mars 1725. & 28. Octobre 1727. & aux Ordonnances de Meſſieurs les Intendans de Pau des 19. Février 1690. & 23. Février 1725.

Du 23. Octobre 1731.

Arreſt du Conſeil, qui maintient & conſerve les Habitans du Comté de Savigny, dans l'uſage de tirer les fruits du crû des fonds qui leur appartiennent dans le Comté de Bourgogne, ſans payer aucuns Droits de Traittes Foraines, à la

charge neanmoins, que lorsque lesdits fruits auront été tranfportés dans le Duché de Bourgogne, ils ne pourront en être
enlevés pour repasser dans le Comté qu'en payant lesdits
Droits, comme il se pratique actuellement : Ordonne que
les Habitans dudit Comté de Savigny demeureront confir-
més dans le droit de prendre leur Sel au Grenier à Sel de
Louhans, par commutation de celui qu'ils avoient droit de
prendre aux Salines du Comté de Bourgogne, à la charge
par eux de se conformer aux dispositions des reglemens qui
sont observés dans le ressort dudit Grenier, & en outre de
payer le prix du Sel, à raison de sept livres par minot pour
le prix du Marchand, les quatre sols pour livre, ensemble
les Droits Manuels, & autres Droits rétablis tels qu'ils se
perçoivent actuellement dans tous les Greniers des Gabelles.

Du 28. Octobre 1731.

Arrêt du Conseil, qui évoque & renvoye pardevant M.
Boucher Intendant & Commissaire départi dans la Province de Guyene, les procédures commencées en l'Election
de Bordeaux, à l'occasion de deux rebellions faites aux Employés des Fermes les 9. & 11. Septembre 1732. par plusieurs Particuliers, Juifs de nation, & autres, faisant commerce de faux Tabac dans ladite Ville ; commet ledit sieur
Boucher pour instruire & juger le procès aux auteurs & complices desdites rebellions & autres faits mentionnés aux pro-
cès-verbaux desdits Employez, pour être le tout par lui jugé
souverainement & en dernier ressort, en appellant le nombre
de Gradués requis par l'Ordonnance ; lui attribuë à cet effet
toute Cour, Jurisdiction & connoissance ; permet audit sieur
Boucher de subdeleguer pour l'instruction, & de commettre
pour faire les fonctions de Procureur du Roi en ladite Commission, tels Officiers ou Graduez qu'il voudra choisir, & ordonne en outre que les charges, informations & autres procedures qui pourroient avoir été commencées par les Officiers de l'Élection de Bordeaux ou autres à l'occasion desdites rebellions, seront incessamment remises au Greffe de ladite Commission.

Des 30. Octobre & 4. Decembre 1731.

* Arrêt du Conseil & Lettres Patentes *regiſtrées en la Cour des Aydes le* 19. *Decembre* 1731. qui permettent aux Fermiers & Sous-Fermiers des Droits des Fermes du Roi, de se ſervir de tels Huiſſiers & Sergens Royaux que bon leur ſemblera, même hors l'étenduë des Juriſdictions où les Huiſſiers ou Sergens ſont immatriculés, à l'exception néanmoins de ceux des Juſtices Seigneuriales, qui ne pourront faire de pourſuites ailleurs que dans l'étenduë des Juſtices où ils ont pouvoir d'exploiter, & à la reſerve des procedures qui ſeront faites de Procureur à Procureur, nonobſtant la Declaration du premier Mars 1730. & les Edits & Declarations qui peuvent avoir été rendus en faveur des Huiſſiers-Priſeurs & Vendeurs de meubles, & autres Huiſſiers, auſquels il eſt dérogé pour ce regard ſeulement, Sa Majeſté validant en tant que beſoin eſt ou ſeroit, les pourſuites qui ont été faites en conformité deſdits Arreſt & Lettres Patentes.

Du 30. Octobre 1731.

* Arreſt du Conseil, qui ordonne que celui du trois Septembre 1729. rendu pour les Generalités de Roüen, Caën, & Allençon, ſera executé ſelon ſa forme & teneur dans toutes les autres Provinces & Generalités du Royaume où il ſe fabrique des Siamoiſes & des petites toilles rayées & à carreaux ; & en conséquence, qu'à compter du premier Janvier 1732. il ne ſera plus employé dans leſdites Provinces & Generalités pour la Fabrique deſdites Siamoiſes & petites toilles rayées & à carreaux, d'autres fils que des fils de chanvre : Fait défenſes à tous fabriquans d'en employer d'autres, à peine de cinq cens livres d'amende, & de confiſcation deſd. Etoffes & Toilles fabriquées en fil de lin ; à l'effet de quoi, les anciennes marques de Viſites dans les Bureaux où la Viſite eſt établie, ſeront briſées, & il en ſera fait de nouvelles pour marquer leſdites Etoffes & petites Toilles fabriquées en fil de chanvre, à commencer dudit jour premier Janvier 1732.

Du 30. Octobre 1731.

Arreſt du Conſeil, qui commet le ſieur de la Briſſe, Intendant & Commiſſaire départi en la Province de Bourgogne, pour continuer à inſtruire & juger le Procès, tant au nommé Bouliaton, qu'au nommé Labbé-Mille, & autres leurs complices, participes ou adherans des attroupemens à port d'armes qui ont precedé & ſuivi l'homicide arrivé dans le lieu de Nouville en Breſſe, en la perſonne du nommé Jalabert, Commandant la Brigade des Fermes de Saint Jean-le-Vieux en Bugey le 6. Octobre 1730. évoque en tant que de beſoin les procedures qui pourroient avoir été commencées pour raiſon de ce en quelque Juriſdiction que ce ſoit, & icelles, circonſtances & dépendances, renvoye pardevant ledit ſieur de la Briſſe, pour être le tout par lui jugé ſouverainement & en dernier reſſort, en appellant avec lui le nombre de Gradués requis par l'Ordonnance ; lui attribuë à cet effet toute Cour, Juriſdiction & connoiſſance : Permet audit ſieur de la Briſſe de ſubdeleguer pour l'inſtruction, & de commettre pour faire les fonctions de Procureur du Roy en ladite Commiſſion, tels Officiers ou Gradués qu'il voudra choiſir : Ordonne en outre que ledit Abbé Mille & ſes complices, ſeront à cet effet transferés des Priſons de Grenoble en celles de Bourg en Breſſe, & que les procedures commencées ſeront inceſſamment envoyées au Greffe de ladite Commiſſion,

Du 30. Octobre 1731.

* Arreſt du Conſeil, qui ordonne que les Fabriquans de Toilles des Provinces de Provence, Languedoc & Dauphiné, & autres particuliers qui voudront envoyer des Toilles en écru dans le Comtat d'Avignon pour les y faire blanchir, ſeront tenus de les faire marquer aux deux bouts de chaque piece en noir avec de l'huille, des marques particulieres qui ſeront remiſes à cet effet à la diligence de Pierre Carlier, Adjudicataire des Fermes de Sa Majeſté, aux Commis des Bureaux des Traittes, dans leſquels on eſt

en ufage de declarer & configner lefdites Toilles lorf-
qu'on les envoye dans le Comtat pour les faire blanchir,
& ce indépendamment des autres formalités qui ont été ci-
devant reglées, & qui continueront d'être obfervées pour
affurer le retour defdites Toilles ; & fi en revenant dudit
Comtat aprés y avoir été blanchies, il s'en trouve lors des
Vifites qui en feront faites dans lefdits Bureaux des Traittes, fans avoir aux deux bouts de chaque piece les empreintes qui auront dû y être appofées, ou que lefdites empreintes fe trouvent fauffes ou alterées, elles feront réputées des
Fabriques dudit Comtat, & comme telles faifies & confifquées au profit dudit Carlier, & les Proprietaires & Conduc-
ceurs d'icelles, condamnés en mille livres d'amendes, &
même à plus grande peine s'il y échet, en cas de fauffeté defd.
empreintes, &c.

Du 30. Octobre 1731.

Arreft du Confeil, qui ordonne que la Requefte de Pierre Carlier, Adjudicataire des Fermes Generales-Unies, fera
communiquée au nommé Nicolas Roche, Marchand Fo-
rain, & Fraudeur de profeffion, chez lequel il a été fait une
faifie à Brie fur Marne, le 14. Septembre 1731. de deux
grands paniers non fermés, qu'il avoit fait porter dans un Grenier dépendant de la maifon voifine, appartenante au nommé
Hipolite Hubert, Bourgeois de Paris, étant actuellement
dans fadite maifon de Brie fur Marne, dans lefquels pan-
niers il y avoit plufieurs Piéces & morceaux de Mouffeli-
nes, dont dix fans plomb ni marque de la Compagnie des
Indes, & cinq de Toille de Coton avec un plomb tranfpofé
fans marque, & plufieurs autres marchandifes de differentes
qualités, qui ont été mefurées & détaillées par le Procès verbal de faifie des Employés, dudit jour 14. Septembre 1731.
toutes chofes cependant demeurantes en état, &c.

Du 30. Octobre 1731.

Arreft du Confeil, qui approuve l'Adjudication par Decret, faite à Maiftre Pierre Carlier, Adjudicataire des Fer-
mes-

mes-Unies de France, d'une Mazure joignante le Bâtiment
du Bureau des Fermes à Calais, vulguairement appellée Cour
Canchy, provenante de la fucceffion du défunt Sr Jacques
Canchy de Colandy, & en confequence ordonne qu'il fera
tenu compte audit Carlier fur le prix de fon Bail de la fomme de fix cens foixante-onze livres, tant pour le prix de ladite Adjudication, Droits du Receveur des Confignations,
tods & ventes, que pour l'expedition de la Groffe du Decret,
frais ordinaires & mifes de criées, en rapportant ledit
Arreft, le Decret du 21. Juillet 1731. & les quittances fuf-
fifantes, au moyen de quoi ladite mazure apparriendra à Sa
Majefté, &c.

Des 30 Octobre & 13. Novembre 1731.

* Arreft du Confeil, & Lettres Patentes, *regiftrés au Parlement de Grenoble le 20. Decembre* 1731. portant Reglement pour le commerce des Habitans de la Principauté d'O-
range avec ceux du Comtat d'Avignon, contenants *fix Articles*, &c.

Du 7. Novembre 1731.

* Ordonnance du Roi, qui permet aux Pefcheurs des Ami-
rautés de Cherbourg, & de Barfleur, de faire & pratiquer
la pefche avec le Filet nommé Tramail dérivant, pendant
les mois d'Octobre, Novembre, Decembre, Janvier, Fevrier & Mars de chaque année, nonobftant ce qui eft porté
par la Declaration du 23. Avril 1726. à condition par lefdits Pefcheurs, que les differentes Piéces de Filets tramaillés qui compoferont ledit Tramail dérivant, ne pourront
avoir que vingt braffes de long au plus chacune, qu'elles
feront attachées fur un cordage ou greflin, à la diftance de
huit braffes au moins les unes des autres : qu'au milieu de
cet interval de huit braffes il fera frappé fur ledit cordage, ou
greflin une ligne foutenuë d'une boüée, pour foulager ledit
Tramail, & empêcher qu'il ne traîne ; que le ret du milieu,
toile, nappe ou fluë de chacune defdites piéces de Filets,
aura les mailles de vingt-une ligne au moins en quarré ; que

ceux nommés Tramaux ou Hameaux , qui font attachés des deux côtés de chacune defdites piéces de Filets , auront les mailles de fept poulces , auffi en quarré au moins ; que la tête de ces Filets fera foutenuë par des flottes de liege , & le bas chargé de trois quarterons feulement de plomb par braffe : le tout à peine contre les contrevenans de confifcation defdits Filets & du poiffon , & de vingt cinq livres d'amende pour la premiere fois , & en cas de recidive de pareille confifcation & amende , & en outre d'être privés pour toujours de la faculté de pouvoir faire la pefche avec ledit Tramail dérivant.

Du 13. *Novembre* 1731.

* Ordonnance du Roi , portant Reglement pour la divifion & l'étenduë des Départemens & Quartiers des Claffes de l'Intendance de la Marine du Havre.

Du 13. *Novembre* 1731.

Arreft du Confeil , qui commet le Sieur le Bret , Intendant & Commiffaire départi en Provence , pour inftruire & juger en dernier reffort la caufe d'appel d'entre Pierre Carlier , Adjudicataire general des Fermes-Unies , & les nommés Etienne Hugues , & Antoine André , pour raifon des foumiffions par eux faites au Bureau des Fermes de Barcelonnete les 29 & 30. Septembre & 11. Octobre 1730. de repréfenter quarante-trois quintaux de laine qu'ils ont fait paffer à Maurin , à l'effet d'être employées en étoffes , & lefdites étoffes rapportées , ou lefdites Laines audit Bureau de Barcelonnete , finon d'en payer le quadruple des Droits de forties , lefquelles Laines ont été enlevées & portées en Piedmont par gens armés le 23. dudit mois d'Octobre 1730. évoque en tant que de befoin , & renvoye pardevant ledit Sieur le Bret les Procedures commencées en la Cour des Aydes de Provence , pour être le tout par lui jugé fouverainement , & en dernier reffort , en appellant avec lui le nombre de Gradués requis par l'Ordonnance , lui attribuë à cet effet toute Cour , Jurif-

diction & connoiſſance : permet audit Sieur le Bret de ſubdeleguer pour l'inſtruction, & de commettre pour faire les
fonctions de Procureur du Roi en ladite Commiſſion tels
Officiers ou Gradués qu'il voudra choiſir : ordonne en outre
que les charges & informations, & autres Procedures commencées en quelque Juriſdiction que ce ſoit, pour raiſon
dudit enlevement de Laines, ſeront inceſſamment envoyées
au Greffe de ladite Commiſſion.

Du 20. Novembre 1731.

Arreſt du Conſeil, qui évoque & renvoye à la Cour des
Aydes de Paris, les Procedures & informations qui peuvent
avoir été commencées en quelque Juriſdiction que ce ſoit,
tant pour raiſon de la ſaiſie faite le 29. Septembre 1731.
d'un Batteau appartenant au nommé Jean Guevin, habitant
de la Ville de Vienne, qui avoit traverſé le Rhoſne enſemble
de quatorze Bennes de vendanges dont il étoit chargé, provenans des Vignes du Sieur Guillot, Chanoine & Conſer-
vateur de la Chapelle de Maguelonne à S. Maurice de Vienne, faute de déclaration & payement des Droits de la Doüanne
de Valence, que pour raiſon des mauvais traitemens exer-
cés par ledit Sieur Guillot contre les Employés des Fermes,
& autres faits mentionnés dans les Procès verbaux deſdits Employés des 29. & 30. dudit mois de Septembre, circonſtances & dépendances, pour à la requeſte, pourſuite & diligence du Procureur General en ladite Cour, être le Procès inſtruit
& jugé ſouverainement en dernier reſſort, aux auteurs, complices & participes des faits mentionnés dans leſdits Procès
verbaux ; & attribué à cet effet à ladite Cour des Aydes toute
Cour, Juriſdiction & connoiſſance ; ordonne en outre que
les Procedures qui pourroient avoir été commencées en quelque Juriſdiction que ce ſoit, ſeront inceſſamment envoyées
au Greffe de ladite Cour.

Du 21. Novembre 1731.

* Ordonnance du Roi, qui permet aux Peſcheurs de l'A-
mirauté de Touques & Dives, de faire & pratiquer la peſche

avec le Fillet nommé *Tramail dérivant* pendant les mois d'Octobre, Novembre, Decembre, Janvier, Fevrier & Mars de chaque année, nonobstant ce qui est porté par la Declaration du 23. Avril 1726. à condition par lesdits Pescheurs, que les differentes Pieces de Filets tramaillés qui composeront ledit Tramail dérivant, ne pourront avoir que vingt brasses de long au plus chacune ; qu'elles seront attachées sur un cordage ou greslin, à la distance de huit brasses au moins les unes des autres ; qu'au milieu de cet intervalle de huit brasses, il sera frappé sur ledit cordage ou greslin une ligne soutenuë d'une boüée pour soulager le Tramail, & empécher qu'il ne traîne, que le ret du milieu, toille, nappe, ou fluë de chacune desdites Piéces de Filets aura les mailles de vingt & une lignes au moins en quarré ; que ceux nommés Tramaux, ou Hameaux, qui font attachés des deux côtés de chacune desdites Pieces de Filets, auront les mailles de sept poulces aussi en quarré au moins ; que la tête de ces Filets sera soutenuë par des flottes de liege, & le bas chargé de trois quarterons seulement de plomb par brasse ; le tout à peine contre les contrevenans de confiscation des Fillets & du Poisson, & de vingt-cinq livres d'amende pour la premiere fois, & en cas de récidive, de pareille confiscation & amende, & en outre d'être privés pour toujours de la faculté de faire la pesche avec ledit Tramail dérivant, &c.

Du 4. Decembre 1731.

* Arrest du Conseil, qui ordonne qu'à l'avenir les Fabriquans en Draps de la Manufacture de Sedan se conformeront dans la Fabrique de leurs Draps, tant en blanc, en noir, qu'autres couleurs, aux Reglemens generaux des Manufactures de l'année 1669. qui seront executés selon leur forme & teneur ; en consequence qu'ils ne pourront par la suite en fabriquer que de la largeur de cinq quarts entre les lizieres ; Permet neanmoins par grace, & sans tirer à consequence, à ceux desdits Fabriquans & aux Marchands qui seront chargés dans leurs Boutiques ou Magasins de Draps de cinq quarts, y compris les lizieres, de s'en défaire dans six mois

du jour de la publication dudit Arrest , après qu'ils auront
été marqués d'un plomb d'une nouvelle empreinte , laquelle
sera rompuë & brisée après ledit tems , en présence du Juge
de Police de ladite Ville , sans toutefois qu'après ce délai il
soit loisible ausdits Fabriquans & Marchands de vendre aucunes Piéces de ces Draps d'autre largeur que celle ci-dessus prescrite , &c.

Du 4. Decembre 1731.

Arrest du Conseil , qui commet le Sieur Chauvelin Con-
Conseiller d'Estat , Intendant & Commissaire départi , en la
Ceneralité d'Amiens , pour informer , tant du mauvais trai-
tement fait dans le village d'Orville , aux Employés de la
Brigade des Fermes d'Ampliers , étant à la poursuite
& récherche de plusieurs Contrebandiers , chargés de
faux Tabac , & de faux Sel , que de l'emprisonnement
fait du nommé Colmard l'un desdits Employés , de l'autorité
du Sieur Vicomte de Crequy , Seigneur dudit Village ;
ensemble des autres faits mentionnés au Procès Verbal
des Employés de ladite Brigade , du dix - huit Novembre
1731. & être le Procès instruit , fait , & parfait aux auteurs ,
complices , participes , ou adherans desdits faits , jugé souverainement , & en dernier Ressort par ledit Sieur Intendant , en apellant avec lui le nombre de Gradués , requis
par l'Ordonnance. Permet audit sieur Chauvelin de subdeleguer pour l'instruction , & de comettre pour faire les
fonctions de Procureur du Roy en ladite Commission , tels
Officiers ou Gradués qu'il voudra choisir ; ordonne en outre
que ledit Colmard sera transferé des Prisons où il est actuellement détenu , dans celles d'Amiens ; & que les procedures commencées seront incessamment envoyées au Greffe
de ladite Commission.

Du 15. Decembre 1731.

* Arrest du Conseil , qui ordonne , qu'à commencer du premier Janvier 1732. il sera payé pour droits de sortie , tant des

Cinq Grosses Fermes, que des Provinces reputéesétrangeres ; sçavoir, pour les Bâtons d'Eventails d'Orfevreries ; soit qu'ils soient unis ou garnis de Bijouterie, soit qu'ils soient d'Ecaille de tortuë, d'Yvoire ou de Nacre, picqués en Or, ou incrustés ou marquetés en Or & en Argent, Ambre, Jaspe, Corail, Lapis, Agathe, ou autres pareilles matieres, six pour cent de la valeur. Pour les bâtons de pur Yvoire, Ecaille ou Nacre, unis ou picqués en Argent, cuivre ou Laiton, montés ou non montés, de leurs feüilles ; & pour les Eventails brisés, & autres dont les bâtons seront de pur Yvoire, Ecaille ou Nacre, soit que lesdits bâtons soient en tout des especes cy-dessus énoncées, soit qu'il n'y ait que les maîtres brins, vingt sols de la douzaine, & ce par provision, & jusqu'à ce qu'il en soit autrement ordonné. Pour les Eventails brisés, tout os, & pour les Eventails communs de toutes especes, montés de leurs feüilles de Soye, cinq sols de la douzaine. Pour tous les autres bâtons d'Eventails, comme d'Os, de Bois ou de Balaine, montés ou non montés de leurs feüilles (à l'exception de ceux montés en Soye) trois livres du cent pesant, pour les Provinces reputées étrangeres, & quarante sols pour l'étranger, comme Mercerie. Pour les feüilles d'Eventails en Soye, avec Or & Argent, non montées sur les bâtons, quarante sols de la livre, & celles de pure Soye sans Or ni Argent, quatorze sols de la livre : & pour toutes autres feüilles en papier, Peau, Cuir, Cannepin, Carton, Velin ou autres, peintes ou non peintes, trois livres du cent pesant, pour les Provinces reputées étrangeres, & quarante sols pour l'étranger, comme Mercerie, &c.

Du 18. Decembre 1731.

Arrest du Conseil, par lequel Sa Majesté veut bien se charger de prendre en payement de partie de ce qui peut lui être dû par Boucher & Cornu, Marchands en Societé, & en faillite, pour la somme de quatre cens mille livres de Marchandise, provenant du fonds desdits Boucher & Cornu ; desquelles Marchandises reçûës par le Roy ; les Sieurs

Fermiers Genreaux en prendront pour la somme de cent foixante mille livres en payement des fonds par eux avancés aufdits Cornu & Boucher, &c.

Du 8. Janvier 1732.

*   Arreſt du Conſeil, qui ordonne, que Jean Maillot, chargé de la fabrique, fourniture, vente & debit des Poudres, & Salpêtres, dans toute l'étenduë du Royaume, établira dans la Principauté d'Orange, tels Magaſins, Moulins à Poudres, Raffineries & Bureaux, qu'il conviendra pour la vente & debit defdites Poudres & Salpêtres, de la même maniere qu'ils font établis dans la Province de Dauphiné, &c.

Du 8. Janvier 1732.

Arreſt du Conſeil, qui ordonne que la Requête de Pierre Carlier, adjudicataire des Fermes Generales-Unies de Sa Majeſté, & de celle du Tabac, ſera communiquée au ſieur Marquis de Belle-Iſle, Proprietaire des Peages d'Andely & Vernon, & à Jean Limanton Tuteur Oneraire du ſieur Marquis de Maiſons, proprietaire des droits de Peages de Poiſſy & Maiſons, aux domicilles par eux Elûs, pour répondre dans quinzaine aux pretentions du Fermier, de ne payer aucun defdits droits de Peages ſur les Tabacs qui paſſent dans l'étenduë d'iceux, ſinon ſera fait droit, &c.

Du 15. Janvier 1732.

*   Arreſt du Conſeil, portant Reglement pour la Fabrique & le Commerce des Draps deſtinés pour le commerce des Eſchelles du Levant, contenant treize Articles; enſuite duquel eſt l'Ordonnance de Mr. de Bernage de St. Maurice, Intendant en Languedoc du 8. Juin 1732. renduë en conſequence dudit Arreſt, &c.

Du 15. Janvier 1732.

Arreſt du Conſeil, qui caſſe & annulle un Arreſt du

Parlement de Grenoble du 26. Juin 1731. & tout ce qui s'en est ensuivi ; ordonne que la Declaration du 12. May 1727. concernant les Inscriptions de faux sera executée selon sa forme & teneur ; en consequence confisque six mulers & harnois ensemble 1462. livres de fer, saisies en allant de Savoye en Dauphiné , en fraude , & conduits par le nommé Fontenay Valet du sieur Joüet Marchand de Fer à St. Michel en Savoye , ou la somme de cinq cens dix-neuf livres à laquelle le tout a été estimé , & que François Ferrier caution dudit Jouet , vuidera ses mains de ladite somme de cinq cens dix-neuf livres , en celles du Receveur du Bureau des Traittes de Briançon , à peine d'y être contraint comme pour deniers Royaux , quoy faisant , il en demeurera bien & valablement quitte & déchargé ; condamne en outre ledit Jouet en l'amende de trois cent livres , & en tous les dépens , tant de l'instance principale , que de la cause d'appel , au payement de quoy il sera contraint par corps.

Du 15. Janvier 1732.

*   Arrest du Conseil , qui deboute le Patron Antoine Ortis de la ville de Genes , Commendant de la Barque appellée *Jesus , Maria-Joseph* , de l'appel par lui interjetté , d'une Sentence renduë par le Maistre des Ports de Marseille , le 26. Fevrier 1729. qui sera executée selon sa forme & teneur ; & faisant droit sur les demandes de Pierre le Sueur , chargé par la Compagnie des Indes , de la regie & exploitation du Privilege exclusif de la vente du Tabac dans le Royaume , declare la saisie des Tabacs faite sur ledit Ortis par Procès verbal des Employés du 15. Janvier 1729. bonne & valable : Ordonne qu'ils demeureront acquis & confisqués , au profit dudit le Sueur , & condamne ledit Ortis en l'amende de mille livres , pour avoir été surpris rôdant de Port en Port sur les Costes de Provence , & y faisant des versemens de son faux Tabac , & pour n'avoir fait aucune declaration au Bureau du Tabac lors de son arrivée dans le premier Port où il est abordé , &c.

Du

Du 15. Janvier 1732.

Arreſt du Conſeil, qui commet M. l'Intendant de Flandres au Departement de Lille, pour entendre Pierre Carlier adjudicataire des Fermes, & le ſieur Edeline Marchand à Cambray, ſur leurs pretentions reſpectives, à l'occaſion d'une ſaiſie de Marchandiſes de contrebande que ledit Edeline faiſoit entrer dans la Ville de Cambray, & dont la confiſcation a été prononcée par Ordonnance de M. l'Intendant, du premier Avril 1730. avec amende de trois mille liv. de laquelle Ordonnance le ſieur Edeline avoit interjetté appel à la Cour des Aydes, pour ſur les dires, moyens & requiſitions des Parties, en être dreſſé Procès verbal par ledit Sieur Intendant, & envoyé au Conſeil avec ſon avis, être ordonné ce qu'il appartiendra.

Du 22. Janvier 1732.

Arreſt du Conſeil, qui ordonne à M. le Procureur General du Parlement de Metz, d'envoyer à M. le Controlleur General des Finances, les motifs d'un Arreſt de ladite Cour du 12. Decembre 1731. qui a déchargé les nommés Henry Jacques Laboureur, demeurant à Sailly Duché de Carignan, & Evrard Plamnevaux Marchand, demeurant à Bouillon, des condamnations contre eux prononcées, & leur a fait main levée de la ſaiſie ſur eux faite d'un Charriot attelé de huit Chevaux, chargé de vieux Linge propre à faire du Papier, ſortant du Royaume; au prejudice des deffenſes portées par les Arreſts du Conſeil des 28. May 1697. & 4. Mars 1727. pour leſdits motifs vûs & examinés, être par ſa Majeſté ordonné ce qu'il appartiendra, toutes choſes juſqu'à ce demeurant en état, &c.

Du 23. Janvier 1732.

Arreſt du Conſeil, qui ordonne que les Art. 3. & 4. des Lettres Parentes du mois d'Avril 1717. concernant le commerce des Isles Françoises de l'Amerique, seront executés selon leur forme & teneur; & en consequence que tous Armateurs ou Negocians qui armeront dans la Ville d'Honfleur des Vaisseaux destinés pour le Commerce desdites Isles de l'Amerique, joüiront de l'exemption des droits d'Octrois & de Tarif sur toutes les Marchandises & Denrées employées à leur Commerce, ou à l'approvisionnement & avituaillement de leurs Vaisseaux; à la charge par eux d'en faire leur declaration à l'entrée de ladite Ville d'Honfleur, & en les mettant sous l'entrepôt qui leur sera indiqué, & de la maniere qui leur sera prescrite.

Du 29. Janvier 1732.

*   Arrest du Conseil, portant qu'à l'avenir les droits des Traittes Foraines & Domaniales seront exactement perçûs sur les Marchandises & Denrées qui y sont sujettes, & sur les Bestiaux qui sortiront du Royaume, pour quelque Païs que ce puisse être, qui ne seront point de la domination du Roy; deffend à l'Adjudicataire General des Fermes, & à ses Successeurs, leurs Commis & preposés, de laisser sortir lesdites Marchandises, Denrées & Bestiaux, que les droits n'en ayent été acquittés; ordonne que lesdits droits seront acquittés au lieu de l'enlevement s'il y a un Bureau, sinon au plus prochain de la route; declare obliques toutes celles où il n'y en aura point d'établi, le tout à peine de confiscation desdites Marchandises, denrées & Bestiaux, des Charrettes, Chevaux, Mulets, Bateaux & autres voitures, & de mille livres d'amende contre les Contrevenans, & sans qu'à la faveur de la sortie des Marchandises permises, en payant les droits, on puisse faire sortir du Royaume certaines especes desdites Marchandises, Denrées & Bestiaux dont la sortie est deffenduë par les Reglemens.

Du 29. Janvier 1732.

Arrest du Conseil, qui en interpretant en tant que de besoin celui du 2. Octobre 1731. & Lettres Patentes expediées en conséquence, par lesquels il a été accordé à perpetuité, à commencer du 9. dudit mois d'Octobre 1731. Fête de St. Denis , aux Consuls, habitans & Communauté de la Ville de Montloüis , Viguerie de la Cerdagne Françoise , le privilege d'une Foire non franche , audit jour Fête de St. Denis de chacune année , laquelle dureroit trois jours consecutifs , & un Marché tous les Jeudy de chaque Semaine, ordonne que ledit Marché se tiendra à l'avenir le Samedy au lieu du Jeudy.

Du 2. Février 1732.

Lettres Patentes du Roi , qui accordent à Loüis Rochas , fils , Teinturier à Romans , le privilege exclusif pour teindre du grand & bon teint pendant vingt années , tous les draps , serges & autres étoffes de laine qui seront fabriquées dans ladite Ville de Romans & autres lieux aux environs , suivant & conformément aux Statuts , Ordonnances & Reglemens des mois d'Août 1667. & 1669. à condition de ne teindre quoi que ce puisse être en petit teint , ni d'avoir chez lui aucuns des ingrediens prohibés par les Reglemens pour la teinture en bon teint , & à la charge par lui de se conformer par raport au prix pour la teinture de chaque piece , à celui qui sera payé suivant les tems , aux Teinturiers du grand & bon teint de la Ville de Lyon , pour chaque espece de couleur ; fait deffenses à tous autres Teinturiers établis dans ladite Ville de Romans , & à ceux des environs , dans la distance de trois lieües , de teindre en grand & bon teint aucun drap , serges & autres étoffes de laine , ni de tenir en leurs maisons , magasins & boutiques , aucuns des ingrédiens servant au grand & bonteint , sous les peines portées par lesdis Reglemens des mois d'Août 1667. & 1669.

Du 12. Fevrier 1732.

* Arrest du Conseil, portant que les Sucres rafinés à Cette , qui seront destinés pour l'Etranger , ou pour les Provinces d'Alsace & de Franche-Comté , seront exemts des Droits de la Doüanne de Lyon & de celle de Valence , en observant les formalités prescrites par l'Arrest & Lettres Patentes du

C ij

14. Fevrier 1730. Ordonne que les Sucres de ladite Rafinerie qui seront consommés dans l'étenduë des Doüannes de Lyon & de Valence, ou qui y passeront pour aller en d'autres Provinces du Royaume, seront à l'avenir exempts des Droits de ladite Doüanne de Lyon, & demeureront sujets aux droits de la Doüanne de Valence; que les Sucres de ladite Rafinerie qui seront envoyés par acquit à caution du Bureau de Cette pour la Foire de Beaucaire, joüiront à l'avenir de la restitution des Droits d'entrée payés sur les Sucres bruts, lorsque lesdits Sucres raffinés passeront de ladite Foire à l'Etranger ou dans les Provinces d'Alsace & de Franche-Comté; à la charge par les Négocians ou Voituriers, de prendre au Bureau de Beaucaire, pendant la tenuë d'icelle, de nouveaux acquits à caution, qui seront expediés relativement à ceux du Bureau de Cette, & de faire mettre sur les Tonneaux, Caisses ou Futailles, de nouveaux Plombs pour être ainsi representés à la sortie dans l'un desdits Bureaux désignés par ledit Arrêt & Lettres Patentes du 14. Février 1730. lesquels seront au surplus executés selon leur forme & teneur.

Du 19. Février 1732.

* Arrest du Conseil, qui permet pendant un an seulement, à compter du premier Mars 1732. à tous les Négocians des Ports & Villes Maritimes du Royaume, d'envoyer leurs Vaisseaux directement en Irlande, pour y achêter des Bœufs & chairs salés, & les transporter ensuite sur les mêmes Vaisseaux ausdites Isles & Colonies Françoises, en faisant par eux les soumissions requises; à l'effet de quoi il est dérogé pour ledit tems d'une année seulement à la disposition de l'Article XI. des Lettres Patentes du mois d'Avril 1717.

Des 19. Fevrier & 22. Avril 1732.

* Deux Arrêts du Conseil, le premier qui ordonne à M. le Procureur General de la Cour des Aydes de Roüen, d'envoier à M. le Controlleur General des Finances, les motifs de l'Arrêt de ladite Cour, du 21. Novembre 1731. confirmatif d'une

Sentence de l'Election de ladite Ville du 15. Juin précedent, lequel fur une faifie d'une Carotte de tabac de fraude , péfant quatorze onces & demi faite au domicile de la veuve Vauquelin, le deux du même mois de Juin 1731. renvoye les Parties hors de Cour ; pour lefdits motifs vûs & examinés, être par Sa Majefté ordonné ce qu'il appartiendra , toutes chofes jufqu'à ce jour demeurant en état, &c.

Et le fecond caffe & annulle l'Arrêt de ladite Cour des Aydes de Roüen du 21. Novembre 1731. Ordonne que les Reglemens concernant la Ferme Generale du Tabac, feront executés felon leur forme & teneur, & notamment les Articles I. & II. de la Déclaration du 6. Decembre 1707. & en conféquence confifque le Tabac faifi fur ladite veuve Vauquelin , & la condamne en mille livres d'amende & aux dépens.

Du 19. Février 1732.

Arrêt du Confeil , qui commet le fieur Boucher , Intendant & Commiffaire départi en la Generalité de Bordeaux , pour inftruire & juger le procès aux nommés Baffompierre, dit Larrere , Collin fon frere , & Laroque , chefs de bande & autres leurs complices, participes ou adherans des rebellions par eux commifes contre les Employés de la Brigade de Condom , & du commerce de faux Tabac à port d'armes , par eux exercé ; évoque les procedures qui pourroient avoir été commencées contre lefdits Fraudeurs en quelque Jurifdiction que ce foit, & icelles, circonftances & dépendances, renvoye pardevant ledit fieur Boucher, pour être le tout par lui jugé fouverainement & en dernier reffort, en appellant avec lui le nombre de Gradués requis par l'Ordonnance : Permet audit fieur Boucher de fubdeleguer pour l'inftruction, & de commettre pour faire les fonctions de Procureur du Roi en ladite Commiffion, tels Officiers ou Gradués qu'il voudra choifir.

Du 28. Février 1732.

* Réglement & Tarif des differens Droits qui font dûs aux Confuls & Vice-Confuls de la Nation Françoife , établis dans

les Echelles de Negrepont, la Cavalle, Rhodes, Metelin, Scio, Milo, Tine & Miconi, sur toutes les marchandises & denrées du crû du pays qui y seront chargées pour le compte des François ou pour celui des Etrangers, sur des bâtimens, portant Pavillon de Sa Majesté, soit que lesdites marchandises & denrées soient destinées pour la France ou pour les pays étrangers de Chrétienté, &c.

Du mois de Mars 1732.

* Edit du Roi, *registré en Parlement le vingt-troisiéme jour d'Avril* 1732. Portant réduction, à commencer du premier Janvier 1732. des trois Offices de Conseillers Trésoriers Generaux de la Marine, à deux seuls corps d'Offices, & suppression d'un desdits trois Offices, *contenant neuf Articles* &c.

Du 4. Mars 1732.

Arrest du Conseil, qui commet le sieur Intendant & Commissaire départi dans la Province de Dauphiné, pour instruire & juger le procès aux nommés Jean Barret Chef de Band e, François Blanc, Jean le Bit, Joseph Dauphin, Jaques Lombard, Pierre Vial, & au nommé Saint André, du lieu des Echelles, & autres auteurs, complices, fauteurs, participes & adherans des faits de contrebande de Tabac, rebellions, & autres mentionnés dans les procès verbaux des Lieutenant, Brigadier & Cavaliers de la Maréchaussée de Saint Marcelin, des 11. 12. 13. & 14. Janvier 1732. circonstances & dépendances; évoque en tant que de besoin les procedures qui pourroient avoir été commencées pour raison de ce, en quelque Jurisdiction que ce soit, & renvoye le tout pardevant ledit sieur Commissaire départi, pour être par lui jugé souverainement & en dernier ressort, en appellant avec lui le nombre de Gradués requis par l'Ordonnance; lui attribué à cet effet, toute Cour, Jurisdiction & connoissance : Permet audit sieur Commissaire départi, de subdeleguer pour l'instruction, & de commettre pour faire les fonctions de Procureur du Roi en la presente Commission, tels Officiers ou Gradués qu'il voudra

choisir : Ordonne en outre que les procedures commencées
en quelque Jurisdiction que ce soit, seront incessamment envoyées au Greffe de ladite Commission.

Du 4. Mars 1732.

Arrêt du Conseil, qui attribuë aux sieurs Intendans & Com-
missaires départis dans les Provinces & Generalités de Limoges, Montauban, Bordeaux & Auvergne, la connoissance
de toutes les contravenrions qui ont été & seront faites dans
toute l'étenduë du Vicomté de Turenne & de la Comté de
Montfort, aux Edits, Declarations & Reglemens concernant la Ferme du Privilege exclusif du Tabac, & à l'Arrest
du Conseil du 16. Fevrier 1724. qui fait deffenses à toutes personnes de quelque qualité & condition qu'elles soient, & notamment aux habitans du Vicomté de Turenne, d'ense-
mencer, cultiver, fabriquer, vendre ni débiter aucuns Tabacs, ensemble de toutes les instances & contestations en matieres civiles, qui sont survenuës & pourront survenir à l'avenir, au sujet dudit Privilege, entre les habitans tant dudit Vicomté de Turenne, que de ceux de la Comté de Montfort, &
les Commis & Préposés de Pierre Carlier & Nicolas Desboves, son successeur en ladite Ferme ; ordonne que lesdites
contraventions, instances, & contestations seront jugées par
lesdits sieurs Intendans, chacun en ce qui les concerne, &
leurs Jugemens, executés nonobstant oppositions ou autres
empêchemens, sauf l'appel au Conseil ; attribuë en outre ausdits sieurs Intendans desdites Generaltés de Limoges, Montauban, Bordeaux & Auvergne, la connoissance de toutes les
affaires criminelles qui sont pareillement survenuës & pourront survenir à l'avenir au sujet de ladite Ferme du Tabac, entre lesdits habitans dudit Vicomté de Turenne, & ceux de la
Comté de Montfort, & les Commis & Préposés desdits Carlier & Desboves son successeur ; ordonne que lesdites affaires criminelles, circonstances & dépendances soient jugées
par lesdits sieurs Intendans en ce qui les concerne, en dernier
ressort, avec le nombre d'Officiers ou Gradués requis par les
Ordonnances ; leur permet de subdeleguer pour l'instruction

defdites affaires criminelles, & de nommer pour faire les fonctions de Procureur du Roi telles perfonnes qu'ils jugeront à
propos.

Du 11. *Mars* 1732.

* Arreft du Confeil, qui fait très-expreffes inhibitions & dé-
fenfes de faire entrer dans le Royaume, tant par terre que par
mer, des vieux habits de foldats & autres de Fabrique étran-
gere, fous peine de confifcation defdits habits, enfemble des
vaiffeaux ou autres Bâtimens, & des Chevaux, Charettes,
Mulers, ou autres voitures qui s'en trouveront chargés, & en
outre de trois mille livres d'amende contre chacun des contrevenans, & pour chaque contravention, &c.

Du 11. *Mars* 1732.

* Arrêt du Confeil, portant Reglement pour les Manufactures de Draps, Ratines, Serges & autres étoffes qui fe fabri-
quent en la Province de Dauphiné, *contenant deux cent foixante-
cinq articles.*

Du 18. *Mars* 1732.

* Arreft du Confeil, qui ordonne que les ouvrages de Cou-
tellerie qui feront ou auront été fabriqués dans la Ville de
Thiers, auront, outre la marque dont chaque Coutellier a
coutume de fe fervir pour marquer fes ouvrages, une feconde
marque dont l'empreinte portera le mot *Thiers*; Fait deffenfes à tous Coutelliers, actuellement établis ou qui s'établiront
à l'avenir hors de ladite Ville, d'appliquer ladite marque aux
ouvrages de Coutelerie de leurs Fabriques, ni de la contre-
faire, à peine de cinquante livres d'amende & de confifcation
defdits ouvrages contre les Coutelliers qui auront contrevenu
aufdites deffenfes, lefquels pourront encore être pourfuivis ex-
traordinairement comme pour crime de faux: Et commet les
fieurs Intendans & Commiffaires départis dans la Province
d'Auvergne & dans les Generalités de Lyon & de Moulins,
pour juger diffinitivement, fauf l'appel au Confeil, toutes les
faifies & conteftations qui pourront naître au fujet de ladite
marque.

marque & empreinte seulement, leur en attribuant à cet effet pendant trois années consécutives, toute Cour, Jurisdiction & connoissance, &c.

Du 25. Mars 1732.

* Déclaration du Roi, *registrée en la Cour des Aydes le 30. Avril 1732.* portant nouveau Reglement pour les formalités à observer dans les inscriptions de faux contre les procès verbaux des Commis & Employés des Fermes du Roi, *contenant douze Articles.*

Du 25. Mars 1732.

Arrest du Conseil, qui subroge le sieur Commissaire départi en la Generalité d'Amiens, au lieu & place du sieur Chauvelin, Conseiller d'Estat, pour l'execution de l'Arrest du Conseil du 19. Juin 1731 qui avoit commis ledit sieur Chauvelin, ci-devant Intendant en ladite Generalité, pour faire le Procès aux auteurs & complices d'une émotion populaire, arrivée à Saint Quentin à l'occasion du commerce des Bleds.

Du 25. Mars 1732.

Arrest du Conseil, qui approuve & autorise l'Etablissement d'une Manufacture de Fayance, commencée dans le Bourg de Samadet, par le sieur Abbé de Roquepine, lui permet & à ses successeurs proprietaires de la Baronie de Samadet, de le continuer, & d'y faire fabriquer de la Fayance pendant le tems & espace de vingt années ; comme aussi de commettre le sieur le Patissier, ou telles autres personnes qu'ils jugeront à propos de choisir pour l'exploitation de ladite Manufacture, & de faire vendre les ouvrages qui y seront fabriqués dans toute l'étenduë du Royaume, même dans les pays Etrangers ; fait défenses à toutes personnes de quelque qualité & condition qu'elles soient, de faire pendant ledit tems de vingt années, aucun pareil Etablissement dans l'étenduë de dix lieuës à la ronde dudit Bourg de Samadet, à peine de confiscation des ouvrages, & de trois

mille livres d'amende. Permet audit sieur Abbé de Roquepine , & à ceux qui seront à ses droits , d'associer audit Privilege , telles personnes qu'ils aviseront, nobles ou roturiers ,
sans que pour raison de ce , leurs Associés nobles soient cen-
sés avoir dérogé à noblesse. Permet aussi de mettre au-
dessus de la porte & principale entrée de ladite Manufacture , un Tableau aux Armes du Roy , avec cette inscription,
Manufacture Royale de Fayance , & d'y établir un Portier avec
la Livrée de Sa Majesté ; comme aussi de faire venir d'An-
gleterre , & de faire entrer par les Ports de Bayonne ou de
Bordeaux , pendant chacune desdites vingt années , la quantité de dix milliers pesant d'Estain , & de vingt milliers pesant de Plomb , en payant les Droits d'Entrée sur le pied re-
glé par les Tarifs & Reglemens , à la charge par eux de faire
leur soumission de ne faire employer ladite quantité d'Etain
ou de Plomb , à d'autres usages qu'à l'exploitation de ladite
Manufacture , à peine de trois mille livres d'amende , & de
confiscation desdits Plomb & Estain , qui se trouveroient
en nature dans ladite Manufacture , & de payer la valeur
de ceux dont il seroit prouvé que ledit le Patissier , ou autre
principal Directeur , auroit fait une disposition contraire à
sa soumission.

Du 29. Mars 1732.

* Arrest du Conseil , qui ordonne que les Cires blanchies
dans la Rafinerie du sieur Macs , établie dans la basse Ville
de Dunkerque , & qui seront directement envoyées de cette
Rafinerie dans l'interieur des cinq grosses Fermes , sans ren-
trer dans Dunkerque , ne payeront à l'avenir aux Bureaux
d'Entrées des cinq grosses Fermes que trois livres du cent
pesant , & les quatre sols pour livre , au lieu des dix livres
imposés par le Tarif de 1664, à la charge par ledit sieur Macs
de justifier du payement des quatre livres de Droits imposés
sur la Cire jaune à l'entrée du Royaume , & de rapporter à
cet effet, aux Commis des Bureaux d'Entrées des cinq grosses
Fermes , les Acquits qui lui auront été délivrés au Bureau de
ladite basse Ville de Dunkerque , & ordonne au surplus que
l'Arrest du 3. Fevrier 1688. sera executé selon sa forme & te-
teneur , &c.

Du premier Avril 1732.

* Arreſt du Conſeil, qui interdit & prohibe l'entrée dans le Royaume, de la racine appellée Rhapontie : en conſéquence fait défenſes à tous Marchands, Négocians, & autres perſonnes de quelque qualité & condition quelles ſoient, d'y en faire entrer ni introduire ſous quelque dénomination que ce puiſſe être, ſoit qu'elle vienne de Moſcovie, ou autres Pays Errangers, à peine de confiſcation, & de cinq cens livres d'amende.

Du 6 Avril 1732.

* Arreſt du Conſeil portant évocation & renvoy de toutes les conteſtations & affaires concernant la difcuffion des Biens des ſieurs Morin de Saint Cirque & Lullin, leurs Aſſociés, Croupiers & Participes, en la Manufacture de Verrerie établie à Sévre, au Bureau établi pour les affaires des Comptes en Banque, pour y être jugées en dernier reſſort, au Rapport de M. Chopin d'Arnouville, à la Requeſte pourſuite & diligence du ſieur Pigné, Controlleur des Bons d'Eſtats.

Du 8. Avril 1732.

* Arreſt du Conſeil, qui entre autres diſpoſitions, autoriſe les Fermiers Generaux des Fermes-Unies, à faire acquiſition d'une partie du Clos Marans, & autres Emplacemens apparrenans au ſieur Moeſlien de Tronjolly & autres, pour la conſtruction d'une Manufacture de Tabac à Morlaix, *contenant vingt-deux Articles*, &c.

Du 8. Avril 1732.

Arreſt du Conſeil, qui déboute les nommés Pierre Sellon, Georges & Robert Courtiſien, Joſeph Lozé, Philippes Pillon, Jean Pillon & Antoine Vignol, habitans de Montay, de l'appel par eux interjetté de l'Ordonnançe renduë le 28. December

173. par le sieur Bidé de la Granville, Intendant de Flandres à Lille, qui a prononcé la confiscation de trente-sept mille trois cens quarante lvites de Tabac, trouvé en Entrepôts dans les maisons des susnommés, & les a condamnés chacun en quinze cens livres d'amende, & ordonne l'execution de ladite Ordonnance.

Du 8. Avril 1732.

Arrest du Conseil, qui ordonne au Sieur Procureur General de la Cour des Comptes, Aydes & Finances d'Aix, d'envoyer à Monsieur le Controlleur General des Finances, les motifs de deux Arrêts de ladite Cour, l'un du 4. May 1730. par lequel Ordonnant que les Parties poursuivroient sur le fonds, elle élargi des Prisons, en donnant Caution, Joseph Blanc & Laurent Bechet, Consuls du Village de Bourbon, atteints & convaincus d'avoir excité la populace à la revolte contre les Employés de Pierre Carlier, Adjudicataire des Fermes Cenerales-Unies, faisant leurs Visites & recherche de faux Sel & faux Tabac; & le nommé Regnier, Chirurgien, & ses deux fils, convaincus d'avoir été refusans de souffrir les Visites desdits Employés; Et l'autre du 8. Novembre 1730. par lequel ladite Cour reçoit le sieur de Raousset, Seigneur de Bourbon, President à Mortier au Parlement de Provence, Partie jointe & intervenante au Procès,

Du 8. Avril 1732.

Arrest du Conseil, qui commet le Sieur de la Tour, Intendant & Commissaire départi en la Province de Bretagne, pour instruire & juger le Procès aux auteurs, complices, fauteurs, participes ou adherans, des faits mentionnés dans le Procès verbal du 24. Janvier 1732. & jours suivans, duquel il resulte que nombre de personnes qui demeurent dans le Diocese de Saint Brieux, font le commerce de faux Tabac, & autres Marchandises prohibées qu'ils tirent des Isles de Gersey; évoque & renvoye audit Sieur de la Tour, les Procedures qui pourroient avoir été commencées pour raison de ce, en quelque Jurisdiction que ce soit, pour être le tout par

lui Jugéfouverainement & en dernier reffort , en appella uue
nombre de Gradués requis par l'Ordonnance.

Du 22. Avril 1732.

* Arreft du Conſeil , qui permet aux Habitans de la Province de Bretagne , de tranſporter le ſurperflus de leurs
grains à l'Etranger , ſans être aſſujettis à payer d'autres ni plus
grands Droits de Sortie , que ceux qui ſe percevoient dans
ladite Province de Bretagne , avant les Arreſts du Conſeil
des 13. & 26. Mars 1720. & ordonne que leſdits Grains ne
pourront ſortir que par les Ports de Saint Malo , le Legué ,
Pontrieux , Morlaix , Vannes , Hennebon , Quimper , Quim-
perlay , Breſt , Nantes & Paimbeuf , à peine de confiſcation

Du 22. Avril 1732.

Arrêt du Conſeil , qui ordonne à M. le Procureur General
de la Cour des Aydes de Paris , d'envoyer à M. le Controlleur General des Finances , les motifs d'un Arrêt de ladite
Cour du 12. Fevrier 1732. par lequel elle a accordé main-
levée au nommé Jean Buiſſon , Maitre de la Forge de Montblainville en Clermontois , d'une Saiſie faite ſur lui , de plu-
ſieurs Voitures de mine de Fer , ainſi que de ſes chevaux &
& équipages ; enſemble de l'amende prononcée contre lui
par deux Sentences du Juge des Traittes de Montfaucon des
7. Juillet & 14. Aouſt 1731. pour par ledit Buiſſon avoir été
ſupris faiſant voiturer du lieu de Mark , terre de France , dans
ſa Forge de Montblainville , Pays réputé étranger , ſans ac-
acquit des Droits de Sortie , pour leſdits motifs vûs & examinés , être par Sa Majeſté ordonné ce qu'il appartiendra ,
toutes choſes juſqu'à ce demeurant en état.

Du 22. Avril 1732.

Arreft du Conſeil , qui ordonne que par le Sieur Eynard ,
Secretaire du Conſeil , ou autre Dépoſitaire , il ſera fait men-
tion ſur la Minutte du Compte rendu par Loüis Bourgeois ,

Adjudicataire des Fermes Generales-Unies, le 4. Decembre 1731. de la Recette & Dépenſe faite aux Iſles de l'Ameripue, par les Receveurs du Domaine d'Occident, du produit des Droits extraodinaires perçûs depuis le dernier Juillet 1722. juſqu'au premier Janvier 1727. du rembourſement fait audit Bourgeois, de la ſomme de quarante-ſept mille deux cens ſoixante-dix-ſept livres trois ſols cinq deniers, pour laquelle il etoit en avance par l'arrêté final dudit Compte.

Du 22. Avril 1732.

Arreſt du conſeil, qui ordonne que par le Sieur de la Galiſiere, Commiſſaire départi en la Generauté de Soiſſons, il ſera procedé à l'acquiſition pour & au nom de Sa Majeſté, du Terrain neceſſaire pour la conſtruction d'un Corps-de-Garde au bout du Pont de Cohartil, du côté de France, ſuivant & conformément au Devis eſtimatif qui en a été dreſſé, & enſuite à l'Adjudication des Ouvrages à faire pour ladite conſtruction, du montant de laquelle Adjudication les Entrepreneurs ſeront payés ſur les Ordonnances dudit Sieur Commiſſaire par Pierre Carlier, Adjudicataire des Fermes Unies, au fur & à meſure, ou après la reception deſdits Ouvrages, auquel il en ſera tenu compte ſur le prix de ſon Bail.

Du 22. Avril 1732.

Arreſt du Conſeil, qui ordonne que le Sieur Nicolas Dehamel, commis par Arreſt du Conſeil du 8. May 1731. à l'effet de rendre les Comptes de la Recette Generale du Droit d'un pour cent, perçû ſur les Marchandiſes des Iſles & Colonies Françoiſes de l'Amerique, pendant les années 1729. & 1730. au lieu & place du feu Sieur le Cordier, chargé de la Recette generale de ce Droit, remettra inceſſamment au Garde du Treſor Royal en Exercice, la ſomme de trois mille neuf cent quatre-vingt-trois livres douze ſols dix deniers qu'il a actuellement entre les mains, provenans du produit dudit Droit de l'année 1729.

Du 29. Avril 1732.

Arrest du Conseil, portant que celui du douze Septembre 1730. qui ordonne que Pierre Carlier & Nicolas Desboves, seront mis en possession de la Ferme generale du Privilege exclusif de la vente & distribution du Tabac; dans l'étenduë du Royaume, sera executé selon sa forme & teneur; en conséquence, casse & annulle deux Sentences des Officiers de l'Election d'Evreux des 21. Octobre 1730. & 9. Janvier 1731. interdit ausdits Officiers de l'Election d'Evreux, toute connoissance des Droits de ladite Ferme, circonstances & dépendances, à peine de nullité, trois mille livres d'amende, & de tous dépens, dommages & interests, attribuë ladite connoissance aux Officiers du Grenier à Sel de la même Ville d'Evreux, en premiere Instance; & renvoye aux Officiers dudit Grenier à Sel d'Evreux la connoissance d'une rebellion faite aux Employés de la Brigade de Gisors, faisant leurs Visites dans la Paroisse de Saint Acquetin, au Hameau de Bondeville, le 15. Decembre 1730.

Du 3. May 1732.

Arrest du Conseil, qui ordonne que par le Sieur Intendant de la Province de Languedoc, il sera procedé pour & au nom de Sa Majesté, à l'Adjudication au rabais des Ouvrages à faire pour la construction d'un Corps-de-Garde sur la Brassiere du Canal de Cette, & d'une chaîne pour le fermer, suivant les Plans & Devis qui en seront préalablement dressés par les Experts qui seront nommés d'Office par ledit Sieur Intendant, sur les Ordonnances duquel les Entrepreneurs desdits Ouvrages, seront payés par Pierrte Carlier, Adjudicataire des Fermes Generales, auquel il en sera tenu compte sur le prix de son Bail.

Du 6. May 1732.

* Arrest du Conseil, qui fixe à quinze sols par tonneau de

Froment ou Meteil, & à dix fols par tonneau de Seigle, Orge, Baillarges, & autres menus Grains, les Droits qui feront perçûs fur lefdits Grains, qui fortiront de la Bretagne pour l'Etranger, en execution de l'Arreſt du 22. Avril 1732. à la charge d'obſerver les formalités preſcites par ledit Arreſt.

Du 6. May 1732.

Arreſt du Conſeil, qui permet juſqu'à ce qu'il en ſoit autrement ordonné, aux Marchands, Negocians & autres des Provinces de Picardie & d'Artois, de tranſporter ou faire des envoys de grains à l'étranger, en vertu des paſſeports & permiſſions qui leur feront accordés par le ſieur Commiſſaire departi dans lefd. Provinces, ſans que pour raiſon de ce, ils ſoient obligez de payer d'autres, ni plus grands droits que ceux de quinze deniers par raziere du poids de 144. l. 6. onces; à l'effet de quoy, ordonne que lefdits grains ne pourront être embarqués que dans le ſeul Port de Calais, & qu'il y ſera fait dans le Bureau de ſortie, des declarations de la quantité & qualité des grains, pour y être les droits payés, & acquités, le tout à peine de confiſcation defd. grains, & de mille livres d'amende, fait deffenſes aux habitans defdites Provinces de Picardie, & d'Artois de quelque qualité & condition qu'ils ſoient, d'embarquer ou faire embarquer dans d'autres Ports que celui de Calais, aucuns grains pour l'étranger à peine de confiſcation, & d'être punis ſuivant la rigueur des Reglemens.

Du 6. May 1732.

Arreſt du Conſeil, qui ordonne au ſieur Louis Alexandre de Barillon, chargé de la Recette Generale du droit d'un pour cent, ordonné par la Declaration du Roy du 10. Novembre 1727. être levé ſur les Marchandiſes venant des Iſles & Colonies Françoiſes, de remettre au ſieur Garde du Treſor Royal en exercice la ſomme de quarre vingt dix mille trois cens quatre vingt douze livres dix-huit ſols quatre deniers, pour être employée, ainſi qu'il ſera ordonné par Sa Majeſté.

Du 13. May 1732.

Arrest du Conseil, qui ordonne que par le sieur de La-
tour, Intendant & Commissaire départi en la Province de
Bretagne, il sera informé tant de la fausseté des certificats
mis au dos du Passeport & acquits à caution, delivrés au
sieur de la Rive-Gravé le 1. Octobre 1731. à l'effet de transporter quatorze tonneaux de Bleds à St. Jean du Luts, que du
transport illicite à l'étranger desdits quatorze tonneaux de Froment mentionnés audit Passeport, & qu'ensuite il sera procedé à l'Instruction & jugement du Procez, tant dudit sieur
de la Rive-Gravé, qu'aux complices, fauteurs, participes,
ou adherans desdits faits, circonstances & dependances, &c.

Du 13. May 1732.

Arrest du Conseil, qui ordonne au sieur Procureur General du Conseil superieur de Roussillon, d'envoyer incessamment à M. le Controlleur General des Finances les motifs d'un Arrest de ladite Cour du 4. Avril 1732. qui a
fait main levée au Patron Joseph Bernisson du lieu de Porto-
longone du Bâtiment, agrés, Apparaux, Tabacs & autres
effets sur lui saisis par les employez des Fermes au Port de
Vendres faute par ledit Bernisson, d'avoir representé des Pas-
seports en forme ; pour lesdits motifs vûs & examinés être
par Sa Majesté ordonné ce qu'il appartiendra.

Du 13. May 1732.

Arrest du Conseil, qui ordonne au Sieur Procureur General du Conseil Superieur de Roussillon, d'envoyer à M.
le Controlleur General des Finances, les motifs d'un Arrêt
de ladite Cour du 26. Mars 1732. qui a confirmé une main-
levée accordée par Sentence du Juge des Fermes de Perpignan
du 11. Decembre precedent au Patron Antoine Masse du
lieu de l'Escalle en Catalogne de faux Tabacs & autres effets
sur lui saisis les 5. & 6. Novembre 1731. par les Employés

des Fermes, faute par ledit Patron d'avoir représenté un passeport en bonne forme pour lesdits motifs, vûs & examinez être par sa Majesté ordonné ce qu'il appartiendra toutes choses, jusqu'à ce demeurant en état.

Du 18. May 1732.

* Reglement, pour empêcher les abus sur les Farines qui se vendent en Canada, & qui sortent dudit Pays pour être portées à l'Isle-Royale, & aux autres Isles Françoises de l'Amerique, *contenant seize Articles.*

Du 20. May 1732.

Arrest du Conseil, qui évoque & renvoye pardevant le Sieur Intendant de Roussillon, l'instance pendante actuellement pardevant le Juge de Perpignan, entre Pierre Carlier Adjudicataire General des Fermes, & de celle du Tabac, & le Patron Baldiri Barsello, se disant de Catalogne, pour raison des Tabacs & autres effets, d'une Barque, agrés & apparaux saisis au Port de Vendres les 12. 13. & 14. Avril precedent par les Employés des Fermes sur ledit Patron, faute par lui d'avoir donné sa declaration au Bureau des Fermes dans les 24. heures de son arrivée.

Du 25. May 1732.

* Arrest du Conseil, qui ordonne qu'à l'avenir le droit de deux sols six deniers par Futaille vuide de la jauge du muid, qui se perçoit sur les futs ou futailles servant au transport des Cidres du crû des Provinces de Bretagne ou de Normandie seulement, ne pourra être perçû que sur les Futailles neuves.

Du 27. May 1732.

Arrest du Conseil, qui revoque l'exemption des droits d'entrée & autres generalement quelconques, accordée

tant par l'ordre du Conseil du 11. Avril 1729. que par les
Arrests des 29. Aoust 1730. & 15. May 1731. sur tous les
grains, farines & legumes venant du Levant & de Barbarie
entrant dans les Ports de Provence, ordonne que lesdits
grains seront assujettis, à compter du jour de la publication
dudit Arrest, aux droits ausquels ils l'étoient avant lesdits ordre & Arrests, & que les exemptions portées par l'Arrest
dudit jour 15. May 1731. pour les grains, farines & legumes
qui seront voiturés & conduits des Provinces du Royaume
en Provence, soit par Mer, par les Rivieres ou par Terre
auront leur entier effet.

Du 27. May 1732.

Arrest du Conseil, qui casse & annulle une Sentence du
Juge des Fermes de Mouzon du 30. Aoust 1730. & un Arrest du Parlement de Mets du 12. Decembre 1731. & tout ce
qui s'en est ensuivi, ordonne que les Arrests des 28. May
1697. & 4. Mars 1727. qui deffendent la sortie du vieux Linge & autres matieres servant à la fabrication du papier seront
executez selon leur forme & teneur; en consequence ordonne qu'un Chariot attelé de huit Chevaux, chargé de vieux
linges du poids de deux mille cent quarante livres, & de
treize pieces de draps neufs, de chanvre & étoupes contenant vingt aunes & demi saisies le 18. Août 1730. sur les
nommés Errard Plainevaux & Henry Jacques demeureront
acquis & confisqués au profit de Pierre Carlier Adjudicataire des Fermes Generales unies; & condamne lesdits Plainevaux & Jacques, solidairement en trois mille livres d'a-
mende & aux dépens.

Du 27. May 1732.

Arrest du Conseil, qui évoque & renvoye pardevant M.
l'Intendant du Duché de Bourgogne, l'appel interjetté au
Parlement de Dijon par Pierre Carlier Adjudicataire des
Fermes Generales unies, & le Procureur de Sa Majesté en
l'Election de Bourg en Bresse, tant de la Sentence renduë
en ladite Election le 12. Mars precedent au profit de Do-

minique Lozier fraudeur à port d'Armes , constitué Prisonnier dans les Prisons de Bourg en Bresse par les Employés de la Ferme , ses Complices , participes & adherans , que de l'instance pendante en ladite Election ; entre ledit Carlier & les nommés Thomet , l'Escalier & Piatton arrêtés le 24, Novembre 1730. à Chambery en Franche-Comté , conduisant dix-huit Chevaux chargés de 3750. l. de faux Tabac , & autres leurs Complices , participes ou adherans ; circonstances & dependances pour être le tout par lui jugé en dernier Ressort, en appellant avec lui le nombre de Graduez requis par l'Ordonnance , lui attribuant à cet effet toute Cour , Jurisdiction & connoissance , icelle interdisant à toutes ses Cours & autres Juges ; lui permet de subdeleguer pour l'instruction , & de commettre pour faire les fonctions de Procureur du Roy en ladite commission , tels Officiers ou Gradués qu'il voudra choisir ; ordonne que toutes les procedures faites tant en ladite Election que celles qui pourroient avoir été commencées au Parlement de Dijon sur l'appel qui a été interjetté de ladite Sentence , ensemble celles qui pourroient avoir été faites ou commencées en ladite Election de Bourg en Bresse contre lesdits Thomas, & l'Escallier & Piatton & autres leurs Complices , participes & adherans , seront incessament envoyées au Greffe de ladite commission , à ce faire tous Greffiers & Depositaires contraints quoi faisant ils en demeureront bien & valablement quittes & déchargés.

Du 28. May 1732.

* Lettres Pattentes , portant Reglement pour la Manufacture de Tapisserieres de Haute & Basse Lisse dans la Ville & Fauxbourgs d'Aubusson , & Bourg de la Cour ; *Registrées en Parlement le* 2. *Juillet* 1732. contenant trente-un Articles.

Du 31. Mai 1732.

* Arrest du Conseil , qui ordonne que les Marchands , Négocians & Habitans des Villes & lieux de la Flandre-Fran-

çoife , ceux d'Artois , Cambrefis & du Haynault-François ,
joüiront de la liberté du tranfit pour les Marchandifes de
leurs Manufactures , fortans par les Ports de Roüen & du
Havre de Grace , & deftinées pour le Portugal & la Bifcaye,
avec exemption de tous Droits d'Entrée & de fortie des
Cinq Groffes Fermes , Droits de Peage fur les Routes, doublement d'iceux , Octrois , & autres Droits generalement
quelconques ; à condition que lefdites marchandifes feront
préalablement apportées au Bureau des Fermes de la Ville
de Lille pour y être déclarées , vûés & vifitées ; & fur la
reprefentation du Certificat des Juges , Magiftrats ou Officiers des lieux faifant foi qu'elles proviennent defdites Manufactures , être lefdites Marchandifes ficelées , plombées
& expediées en tranfit , avec acquit à Caution , portant fou-
miffion de rapporter, dans fix mois, au dos dudit acquit , Certificat de la fortie defdites Marchandifes figné des Receveur & Controlleur du Bureau qui fe trouvera dénommé
audit acquit à Caution , fous les peines portées par les Ordonnances : Ordonne en outre que lefdites Marchandifes ne
puiffent entrer dans l'étenduë des Cinq Groffes Fermes que
par le Bureau de Peronne , où lefdits acquits feront repre-
fentés & vifés , & les Plombs reconnus, de même qu'aux Bureaux des Fermes de Roüen & du Havre de Grace ; & qu'au
cas de fraude ou déguifement defdites Marchandifes , elles
feront faifies & confifquées , & ceux qui auront commis la
fraude, condamnés en mille livres d'amende qui ne pourra
être moderée.

Des 3. Juin & 4. Aouft 1732.

Arreft du Confeil & Lettres Patentes , *regiftrées au Confeil
fuperieur de Colmar le 3. Aouft* 1732. qui ordonnent qu'à l'a-
venir les Fils de fer de la Manufacture du fieur de Grandvillard établie à Morvillard , feront & demeureront exemts
de tous Peages appartenans à Sa Majefté en Alface, Franche-
Comté & trois Evêchés , enfemble des Droits dépendans des
Fermes du Roy ; à condition que les Fils de fer deftinés pour
entrer dans le Royaume , ne pourront y entrer que par les
Bureaux de Saint Menehoult , Saint Dizier , Nettancourt.

Faybillot, Bourbonne, Pontallier & Auxonne; qu'ils seront
mis dans des futailles marquées d'une marque à feu dudit
sieur de Grandvillard, dont il sera par lui déposé une empreinte dans chacun desdits Bureaux; & encore à condition
que lesdites futailles seront accompagnées du Certificat dudit sieur de Grandvillard, ou de ses Préposés, qui sera visé
par le Commis du Bureau des Peages établi audit lieu de
Morvillard, portant que les quantités de Fil de fer contenuës dans les futailles ainsi marquées proviennent de ladite
Manufacture, lesquels Certificats seront remis dans les Bureaux ci-dessus désignés, pour iceux rapportés être du montant desdits Droits tenu compte à l'Adjudicataire des Fermes
sur le prix de son Bail; & encore à la charge par ledit sieur
Grandvillard, d'entretenir trente Ouvriers travaillans dans
ladite Manufacture.

Du 3. Juin 1732.

*   Arrest du Conseil, qui ordonne que tous les abonne-
mens des Droits sur les Huiles & Savons dans les Provinces & Generalités du Royaume y énoncées, seront conti-
nués pendant les six années du Bail de Me Nicolas Desboves, Adjudicataire des Fermes Generales-Unies; & en
consequence, que les sommes principales portées par iceux,
& les quatre sols pour livre, seront payés audit Desboves,
ses Procureurs ou Préposés en la maniere accoutumée pour
chacune desdites années, dont la premiere commencera au
premier Octobre 1732.

Du 3. Juin 1732.

Arrest du Conseil, qui liquide à la somme de cinquante
mille livres, l'indemnité dûe à Pierre Carlier, Adjudicataire des Fermes Generales-Unies, pour la non-joüissance
des Droits sur les Huiles de Poisson provenuës de la Pêche
Françoise, & arrivées dans le Royaume pendant la cinquiéme année de son Bail; & ordonne que pour le montant
de ladite somme de cinquante mille livres, il sera expedié
une Ordonnance de comptant sur le Garde du Trésor Royal

en exercice, laquelle somme lui sera payée en une quittance comptable sur & en déduction du prix de son Bail.

Du 4. Juin 1732.

* Arrest du Conseil, qui ordonne que plusieurs pieces de Toilles de Laval saisies par le sieur Marchand, Inspecteur des Manufactures, sur le sieur Tufferie, & autres, seront coupées de deux aulnes en deux aulnes, & à eux renduës par grace, & sans tirer à consequence : & qu'une autre partie de Toilles blanchies, coupées & pliées en Toilles de Bretagne aussi saisies par le même Inspecteur, sera pareillement coupée de deux aulnes en deux aulnes, & confisquée sur les Proprietaires : Fait défenses à tous Marchands de la Province de Bretagne, de couper à l'avenir lesdites Toilles de Laval en petites pieces depuis cinq aulnes jusqu'à vingt, ni d'embarquer dans les Ports de ladite Province de Bretagne, pour envoyer à l'Etranger, desdites Toilles de Laval, autrement que sous le pliage, aunage & paccage de Laval, conformément à l'Arrest du 11. Mai 1719. à peine de confiscation desdites Toilles, de trois mille livres d'amende, & d'interdiction pour toujours du commerce, ni d'envoyer à l'avenir lesdites Toilles de Laval en Bretagne pour y être blanchies.

Du 11. Juin 1731.

* Arrest du Conseil, qui supprime les secondes marques en parchemin & en plomb sur les Toiles de coton blanches, Mousselines & Mouchoirs provenant des pays de la concession de la Compagnie des Indes, dont l'apposition a été ci-devant ordonnée par Arrests des 30. Aoust 1724. & 14. Aoust 1727. Ordonne que celui du 28. Avril 1711. sera executé selon sa forme & teneur ; & en consequence, qu'il sera attaché à la tête & à la queuë de chaque piece des marchandises des Indes, dont le débit & l'usage sont permis dans le Royaume, une marque en parchemin, avec un plomb de l'empreinte étant au pied dudit Arrest, avant que la Compagnie des Indes puisse les exposer en vente ; & que toutes

celles qui ne fe trouveront pas marquées de cette marque, feront confifquées au profit de la Compagnie des Indes, conformément aux Arrêts des 20. Mai 1720. 17. Octobre 1721. & premier Février 1724. & que les Edits, Declarations & Arrefts rendus en faveur du commerce de la Compagnie des Indes, feront executés felon leur forme & teneur.

Du 14. Juin 1732.

Arreft du Confeil, qui fufpend jufqu'à ce qu'il en ait été autrement ordonné, la permiffion accordée par celui du 22. Avril précedent, de faire fortir des Grains de la Province de Bretagne pour les Pays Etrangers, & en défend le tranfport pour ladite deftination, fous les peines portées par les précedens Arrefts & Reglemens.

Des 4. Avril 1724. 24. Juin & 4. Octobre 1732.

* Arrefts du Confeil & Lettres Patentes, *regiftrées en la Cour des Aydes le 5. Decembre* 1732. données en interprétation de celui du 9. Aouft 1723. & des Lettres Patentes expediées en confequence le 30. Septembre fuivant, qui ordonnent que les difpofitions de l'Article V. defdits Arrefts & Lettres Patentes de 1723. ne pourront avoir lieu à l'égard des Vins, Eaux-de-Vie, Mats, Materiaux, Bois à bâtir, Cabinets, Coffres, Meules & autres marchandifes, dont la groffeur & la longueur rendent l'énumeration facile, & en confequence, que tous excedens des declarations qui fe trouveront fur le nombre des marchandifes de la qualité mentionnée ci-deffus, quand même ils feroient au-deffous du dixiéme de la totalité des declarations, feront fujets à faifie & confifcation avec amende de trois cens livres pour chacune contravention, comme marchandifes non déclarées.

Du 24. Juin 1732.

Arreft du Confeil, qui declare bonne & valable une faifie de cinq mille trois cens vingt-deux livres de Tabac faite

par

par les Commis des Fermes à Nantes le 24. Mars 1731. sur
le sieur Pierre Meyrat de Bayonne, Capitaine du Vaisseau
appellé l'Achille, du port de deux cens cinquante tonneaux
revenant de Saint Domingue à Nantes, & condamne ledit
Meyrat en mille livres d'amende & aux dépens, au profit
de Me Pierre Carlier, Adjudicataire General des Fermes.

Du 4. Juillet 1732.

* Reglement en interprétation de celui du 12. Mars 1726.
concernant la division & l'étenduë des Capitaineries Gardes-
Côtes de Bretagne.

Du 7. Juillet 1732.

* Ordonnance du Roy, portant reglement pour le service,
la solde & l'habillement de la Compagnie des Gardes du
Pavillon Amiral, *contenant trente-trois articles.*

Du 8. Juillet 1732.

Arrest du Conseil, qui ordonne que M. le Procureur General de la Cour des Aydes de Paris envoyera au Conseil les
motifs d'un Arrest de ladite Cour du 4. Avril 1732. confirmatif d'une Sentence des Officiers des Traittes de Langres,
du 18. Juin 1731. qui avoit fait main-levée d'un chariot chargé
de planches de sapin venant de Lorraine, saisies par les Employés des Fermes sur le nommé Sarazin, Laboureur demeurant à la Grange de Doncourt en Lorraine, faute de déclaration & payement des Droits d'Entrées, pour lesdits motifs
vûs & examinés, être par Sa Majesté ordonné ce qu'il appartiendra, toutes choses jusqu'à ce demeurant en état.

Du 8. Juillet 1732.

* Arrest du Conseil, qui ordonne qu'à l'avenir les Thé
provenant des ventes de la Compagnie des Indes, destinés
pour la consommation du Royaume ou des Provinces réputées Etrangeres, payeront à l'avenir pour tous Droits d'En-

trées au Bureau de la Prevôté de Nantes, six livres du cent pesant Poids de Marc, à la déduction des tares seulement accordées aux Adjudicataires, suivant les conditions des ventes, & en execution de l'Ordonnance de 1687. pour les Drogueries & Epiceries, & que les dispositions contenuës dans les Arrests des 28. Septembre 1726. & 24. Aoust 1728. seront executées selon leur forme & teneur.

Du 8. Juillet 1732.

* Arrest du Conseil, qui permet pendant un an, à compter du 15. Septembre 1732. aux Marchands & Habitans des Provinces du Royaume, de faire voiturer en Provence des Grains des autres Provinces, à la charge seulement par ceux qui feront passer des Grains en Provence pendant ledit tems, de faire pardevant les sieurs Intendans, ou leurs Subdelegués, declaration de la quantité de Grains qu'ils feront transporter dans ladite Province, & leur soumission de rapporter la preuve du déchargement qui y aura été fait desdits Grains. Ordonne que tous les Grains, Farines ou Legumes qui seront voiturés, & conduits en Provence, soit par la mer, par les rivieres ou par terre, feront & demeureront francs & exempts, tant des Droits des Fermes, que de tous Droits locaux, de Travers, Peages, Passages, Pontenages, Coutumes, & autres de toutes natures, soit qu'ils appartiennent à des Villes & Communautés, ou à des Seigneurs Ecclesiastiques & Laïques.

Du 8. Juillet 1732.

Arrest du Conseil, qui ordonne que la valeur des Cuirs de Vaches de Barbarie salés, & de la moyenne grandeur, fera & demeurera fixée à quatre livres trois sols trois deniers piece, & que les Droits d'Entrée en feront perçûs dans les Bureaux des Fermes sur le pied de cette estimation.

Du 8. Juillet 1732.

Arreſt du Conſeil, qui évoque les procedures & informations qui pourroient avoir été commencées, tant en la Juriſdiction des Traittes de Châlons-ſur Saône, qu'en celle du Grenier à Sel de Loüans, pour raiſon de la rebellion faite aux Employés de la Brigade des Fermes de Senecey le 25. Avril 1732. dans la maiſon de la veuve Bonnin, Cabaretiere de Clemencey en Bourgogne, tant de la part du fils de ladite veuve, que de celle des nommés Cordier, Dutronchet freres, & autres particuliers, leurs complices & adherans, à l'occaſion de la capture d'un Faux-Saunier & faux Cabaretier refugié chez ladite veuve Bonnin; & icelles, circonſtances & dépendances, renvoye pardevant le Sieur Commiſſaire départi en la Province de Bourgogne. Ordonne en outre, que leſdites procedures commencées par les Juges des Traittes de Châlons-ſur-Saône, & les Officiers du Grenier à Sel de Louans, ſeront remiſes inceſſamment au Greffe de ladite Commiſſion.

Des 15. Juillet & 28. Octobre 1732.

* Arreſts du Conſeil, qui exemptent les Receveurs, Commis & Employés des Fermes en la Ville d'Aumale, des Droits portés par le Tarif arrêté au Conſeil le 23. Septembre 1710. en conſequence de l'Arreſt du même jour, pour les Marchandiſes & Denrées deſtinées pour leur proviſion. Ordonnent que les ſommes payées par le ſieur Traſſont, Receveur du Grenier à Sel de ladite Ville, & autres ſommes que ledit Receveur, Commis & Employés des Fermes juſtifieront avoir payées, leur ſeront renduës & reſtituées.

Du 15. Juillet 1732.

* Arreſt du Conſeil, qui commet M. de la Neuville, Intendant du Comté de Bourgogne, pour juger en dernier reſſort toutes les affaires civiles & criminelles qui ſurviendront

dans l'étenduë de la Franche-Comté , pour raison des fraudes & contraventions aux Droits de la Ferme du Tabac.

Du 15. Juillet 1732.

Arrest du Conseil , qui casse plusieurs Sentences des Elûs d'Evreux , & contient les mêmes dispositions que celui du 29. Avril précedent rendu contre lesdits Elûs.

Du 22. Juillet 1732.

Arrest du Conseil , qui déboute Pierre Joüet , Marchand de Fer en Savoye , de son opposition à celui du 15. Janvier précedent , par lequel un Arrest du Parlement de Grenoble du 26. Juin 1731. a été cassé , & ledit Joüet condamné en la confiscation de quatorze cens soixante-deux livres pesant de Fer , Mulets & Equipages , saisis sur son Valet , qui les faisoit passer de Savoye en Dauphiné , sans declaration ni payement des Droits d'Entrée , & en trois cens livres d'amende , & aux dépens.

Du 2. Aoust 1732.

* Arrest du Conseil , qui ordoune que jusqu'au dernier Décembre 1734. les Bœufs, Vaches, Moutons, Brebis, Agneaux, Porcs , Boucs , Chévres & Chevrotins qui viendront des pays étrangers dans le Royaume , seront & demeureront déchargés de tous Droits , tant des Cinq Grosses Fermes , qu'autres dépendans de la Ferme Generale , qui se payent aux entrées des Provinces frontieres ; & que lesdits Bestiaux , ensemble ceux qui auront été élevés & nourris dans le Royaume , seront & demeureront déchargés pendant ledit tems , des Droits d'entrée & de sortie dépendans de la Ferme Generale , à leur passage des Provinces reputées étrangeres , dans celles de l'étenduë des Cinq Grosses Fermes , ou desdites Provinces des Cinq Grosses Fermes , dans celles reputées étrangeres , aux entrées & sorties desquelles il est dû des Droits aux Fermes Generales-Unies ; deffend à tous particuliers de

quelque qualité & condition qu'ils soient, de faire soirtr hors du Royaume aucuns Bestiaux de toutes especes, à peine de confiscation & trois mille livres d'amende, & autres peines portées par les Arrêts des 16. Juin 1711. 15. Mars 1712. 19. Janvier 1715. 30. Avril 1716. & 17. Juin 1717. à l'exception des Bestiaux du pays de Gex, dont la sortie est permise par Arrest du 4. Janvier 1718. des Bœufs & Vaches qui pourront passer de la Flandre Françoise dans les Châtellenies d'Ypres, Furnes, & Furnembac, en payant les Droits du Tarif de 1671. conformément à l'Arrêt du Conseil du 5. Septembre 1713. & des Bestiaux des Generalités de Montauban & d'Auch, qui pourront continuer d'être commercés sur la Frontiere d'Espagne, en payant les Droits ordinaires, conformément à l'Arrest du 24. Juillet 1717. à condition de passer par les Bureaux désignés.

Du 3. Aoust 1732.

* Declaration du Roi, *regiftrée en Parlement le 3. Septembre* 1732. Qui proroge pendant six années, à commencer du premier Octobre 1732. la levée du doublement des Droits du Domaine, Barrage, & Poids-le-Roi de Paris, du Droit d'Augmentation ou rehaussement du Sel qui se consomme & distribuë dans l'interieur de la Province de Franche-Comté, des quatre sols pour livre de tous les Droits des Fermes qui y sont sujets, des Droits rétablis par la Declaration du 15. Mai 1722. aux entrées, ports, quais, halles & marchés de la Ville, Fauxbourgs & Banlieuë de Paris; des Droits de Courtiers-Jaugeurs, Inspecteurs aux Boucheries & aux Boissons, des Droits manuels sur les Sels; comme-aussi la levée pendant six années, à commencer du 1. Janvier 1733. des Droits reservés par les Edits des mois d'Août 1716. Janvier & Novembre 1717. dans les Cours, Chancelleries, Presidiaux, Bailliages & autres Sieges & Jurisdictions du Royaume, *contenant trois Articles.*

Du 4. Aoust 1732,

* Ordonnance du Roi, qui ordonne aux Negocians, Armateurs & Proprietaires des Vaisseaux équipés pour la Pêche de

la Moruë, de faire mettre dans leurs Magaſins, au retour de
leurs Vaiſſeaux, venant de Terre-neuve les Seines, nommées
Caplanieres du Caplan, leſquelles ne pourront être tranſpor-
tées du Magaſin où elles ſeront remiſes, que pour être em-
barquées ſur les Vaiſſeaux deſtinés pour la Pêche de la Moruë en Terre-Neuve; le tout à peine de cent livres d'amende, dont un tiers applicable au Dénonciateur : Défend aux
Gens de Mer de l'Amirauté de Saint Malo, de loüer ou de
vendre leſdites Seines aux Pêcheurs; & auſdits gens de Mer,
Pêcheurs & autres, de s'en ſervir pour faire la Pêche ſur les
côtes du Royaume, à peine contre chacun des contrevenans
de pareille amende de cent livres; & permet ſeulement l'u-
ſage deſdites Seines pour l'appaſt neceſſaire pour la Moruë
en Terre-neuve.

Du 5. Aouſt 1732.

Arreſt du Conſeil, qui ordonne que par le Garde du Tré-
ſor Royal en exercice, Mᵉ Pierre Carlier, Adjudicataire des
Fermes Generales-Unies, ſera rembourſé de la ſomme de
deux cent ſoixante-dix-neuf mille deux cent cinquante-cinq
livres dix ſols deux deniers, à quoi montent les payemens
faits des deniers de la cinquiéme année de ſon Bail, pour
le ſupplément des rentes des Paroiſſes de Paris, Verſail-
les, Marly & Saint Germain en Laye, indemnités des
reductions faites des nouvelles rentes deſdites Paroiſſes de Paris ſur les Aydes & Gabelles, & ſur les Tailles; Remedes
fournis par le ſieur Helvetius Medecin, & envois d'iceux dans
les Provinces; droits accordés à la Ville de Lyon ſur les étoffes étrangeres; entretien & couverture du Château & des
Priſons de Bourges, & du nouveau Canal fait à l'embouchure
de la Riviere de Letz, achat d'un terrain ou mazure à Calais; Rétabliſſement de l'eſcalier de la maiſon ſervant de
Bureau de la Foraine à Narbonne, Rentes ſur les anciens
dépôts de la Ville de Roüen; Confection des états du Roi des
petites Gabelles & autres; Appointemens de Commis du Bureau du Sieur Mallet; établiſſement pour faire des experien-
ces ſur toutes ſortes & qualités de teintures, gratification an-
nuelle, ou augmentation de ſalaires à la Communauté des Me-

sureurs au Grenier à Sel de Paris ; Péages sur les Sels destinés pour les Etats de Savoye , Coings gravés pour la marque
des étoffes étrangeres & dépôts faits au Greffe de l'Election
de Paris des empreintes desdits Coings ; Voyages faits tant
à Aubusson qu'en Bretagne pour le service du Roi ; Frais dé-
boursés pour la Manufacture des Tapisseries d'Aubusson ; Appointemens des Commis & frais d'impression pour le Bureau
des Tarifs & généralement toutes les dépenses énoncées audit Arrêt ; à l'effet de quoi il sera expedié audit Carlier , une
Ordonnance de comptant de ladite somme de deux cent soi-
xante & dix-neuf mille deux cent cinquante-cinq livres dix
sols deux deniers, sur le Garde du Trésor Royal en exercice ,
pour valeur de laquelle il sera expedié une quittance comptable sur le prix de la cinquiéme année de son Bail.

Du 5. Aoust 1732.

* Arrest du Conseil , & Lettres Patentes *enregistrées en la
Cour des Aydes le 24. Novemb. 1732.* portant distraction du Bail
des Fermes Generales-Unies , fait à Nicolas Desboves , des
Droits du Domaine d'Occident aux Colonies Françoises de
l'Amérique & Canada, à commencer du premier Janvier 1733.
ordonnent que ledit Desboves joüira en entier pendant les
six années de son Bail , de trois pour cent de la valeur des
Marchandises & Denrées desdites Colonies Françoises , faisant partie des Droits du Domaine d'Occident en France , y
compris le demi pour cent distrait desdits trois pour cent ,
par Declaration du 10. Novembre 1727. au moyen de quoi
ledit Desboves renonce à toute indemnité pour raison de ladite distraction ; qu'à commencer du même jour premier Janvier 1733. la régie des Droits du Domaine d'Occident ausdites Colonies Françoises, sera faite par ceux qui seront préposés sous les ordres des sieurs Intendans, & le produit net
remis au Trésorier de la Marine en exercice, par lesdits Préposés ; Que sur le produit dudit Domaine des Colonies Françoises, il sera employé annuellement en gratifications, aux
Commandans, Intendans & autres Officiers servans dans les
Colonies, la somme de quatre-vingt mille livres, laquelle se-

ra payée par ledit Tréforier, fuivant les Etats qui en feront
arrétés au Confeil Royal du Commerce; que fur ledit produit, il fera entretenu tous les ans deux Batteaux pour croi-
fer contre le commerce étranger; qu'à commencer dudit
jour premier Janvier 1733. il ne fera fait fonds dans les Etats
des charges affignées fur les Fermes Generales, au Chapitre
du Domaine d'Occident, que de la fomme de cent quatre-
vingt mille livres, fous le nom du Tréforier General de la
Marine en exercice, qui fera paffée & alloüée fur fa fimple
quittance, dans la dépenfe de l'Etat au vrai & compte dudit
Desboves, de laquelle fomme de cent quatre-vingt mille livres ledit Tréforier General de la Marine, fera tenu de faire
recette & dépenfe, fuivant les Etats qui en feront arrétés
au Confeil.

Du 12. Aouſt 1732.

Arreſt du Confeil, qui ordonne à M. le Procureur General de la Cour des Aydes de Bordeaux, d'envoyer à M. le
Controlleur General des Finances, les motifs d'un Arrêt de
ladite Cour du 2. Juillet précedent, qui a moderé à trois cent
livres une amende de mille livres prononcée par deux Sentences de l'Election de ladite Ville contre le nommé Arondias
Coitine, Juif de nation, chez lequel il avoit été faifi cent livres de faux Tabac; pour lefdits motifs vûs & examinés,
être par Sa Majeſté fait droit ainfi qu'il appartiendra, toutes
chofes jufqu'à ce jour demeurant en état.

Du 12. Aouſt 1732.

Arreſt du Confeil, qui caffe deux Sentences des Elûs de
Bourg en Breffe, des 27. Janvier 1731. & 10. Mai 1732.
confifque les Tabacs faifis chez les nommés Durand & Poi-
roux habitans de ladite Ville; & les condamne chacun en
mille livres d'amende; défend aufdits Elûs de rendre de pareilles Sentences, à peine d'interdiction, & de répondre en
leurs propres & privés noms, des dommages interêts du Fermier, & ordonne l'execution de l'Arrêt & Lettres Patentes
des 25. Janvier 1724. & 24. Mars 1727. qui permettent aux
Capitaines

Capitaines Generaux des Fermes, de faire des visites domiciliaires sans être obligés de se faire assister d'un Juge.

Du 12. Aoust 1732.

Arrest du Conseil, qui commet le sieur de Fontanieu, Intendant en Dauphiné, pour instruire & juger définitivement & en dernier ressort, toutes les affaires criminelles, qui surviendront dans l'étenduë de ladite Province pour raison des fraudes & contraventions aux Droits de la Ferme du Tabac, & de l'introduction & débit des Marchandises prohibées, ensemble les procès qui doivent être faits aux auteurs & complices des violences commises contre les Commis des Fermes, circonstances & dépendances, en appellant avec lui le nombre de Gradués requis par l'Ordonnance ; évoque & renvoye pardevant le sieur Commissaire départi, toutes les procedures qui pourront avoir été commencées pour raison de ce en quelque Jurisdiction que ce soit, pour être le tout par lui jugé souverainement & en dernier ressort, lui attribuant à cet effet, toute Cour, Jurisdiction & connoissance, icelle interdisant à toutes ses Cours & autres Juges ; lui permet de subdeleguer pour l'instruction, & de commettre pour faire les fonctions de Procureur du Roi & de Greffier en ladite Commission, tels Officiers ou Gradués qu'il voudra choisir ; ordonne en outre que les charges & informations & autres procedures, si aucunes ont été faites, en quelque Jurisdiction que ce soit, seront incessamment envoyées au Greffe de ladite Commission, à ce faire tous Greffiers & Dépositaires, contraints ; quoi faisant, déchargés.

Du 12. Aoust 1732.

Arrest du Conseil, qui déboute le nommé Pierre Bonnet, Marchand Colporteur du lieu de Cambouin, Diocèse de Valence en Dauphiné, de son appel de deux Ordonnances de M. l'Intendant de Languedoc, des 1. & 27. Aoust 1731. par lesquelles il a été prononcé la confiscation de trente-huit pieces de Mousselines & quatorze livres un quart de cheveux sur lui saisis , pour s'être trouvé vingt-une desdites pieces de Mousselines marquées de fausses marques de la Compagnie des Indes, & une amende de trois mille livres contre ledit Bonnet.

Du 15. Aoust 1732.

* Ordonnance du Roi , concernant l'embarquement des Mousses sur les Bâtimens Marchands des Ports du Ponant , *contenant six articles.*

Du 15. Aoust 1732.

* Ordonnance du Roi , concernant l'embarquement des Mousses sur les Bâtimens Marchands des Ports du Provence & de Languedoc, *contenant douze articles.*

Du 16. Août 1732.

Arrest du Conseil , qui commet le Sieur de Vatan , Intendant & Commissaire départi en la Generalité de Caën , pour instruire & juger définitivement & en dernier ressort le Procès aux auteurs, complices, participes ou adherans de l'assassinat commis le 9. Août 1732. en la personne du Sieur Floriet , Controlleur General des Fermes en la Ville de Bayeux , circonstances & dépendances, en appellant avec lui le nombre de Gradués requis par l'Ordonnance ; évoque & renvoye pardevant ledit Sieur Commissaire départi , les informations & autres Procedures qui pourroient avoir été commencées pour raison de ce en quelque Jurisdiction que ce soit , pour être le tout par lui jugé souverainement & en dernier ressort, lui attribuant à cet effet toute Cour , Jurisdiction & connoissance , icelle interdisant à toutes ses Cours & autres Juges ; lui permet de subdeleguer pour l'instruction & de commettre pour faire les fonctions de Procureur du Roi & de Greffier en ladite Commission , tels Officiers ou Gradués qu'il voudra choisir : ordonne, que les charges, informations & autres Procedures , si aucunes ont été faites en quelque Jurisdiction que ce soit , seront envoyées au Greffe de ladite Commission ; à ce faire tous Greffiers & dépositaires contraints ; quoi faisans déchargés.

Du 18. Août 1732.

* Ordonnance de Monsieur l'Intendant de Franche-Comté, portant Reglement pour la Regie de la Ferme du Tabac, *contenant douze articles.*

Du 19. Août 1732.

* Arrest du Conseil, qui ordonne, que pendant le Bail de Nicolas Desboves, les Huilles provenant des Baleines, Moruës & autres Poissons peschés par les sujets du Roi, & apportés sur des Vaisseaux François, pour être consommées dans le Royaume, seront exemtes des Droits ordonnés par les Edits des mois d'Octobre 1710. Août 1714. & Declaration du 21. Mars 1716.

Du 20. Août 1732.

Arrest du Conseil, qui ordonne que l'accusation pour crime d'évasion du nommé Prud'hommeau, détenu ès prisons de Saumur, en vertu d'un Decret du Lieutenant Criminel de ladite Ville, & de Jean Guillon, Controlleur au Bureau des Traittes de la même Ville, aussi détenu dans lesdites Prisons, de l'ordre du Roi, pour raison des fraudes commises audit Bureau, demeurera jointe au Procès principal, instruit tant contre ledit Guillon & complices, que contre Jean Besnard, Concierge desdites Prisons, pour le tout être instruit & jugé par le Sieur de Lesseville, subrogé au lieu & place de M. de Pomereu, à l'Intendance de la Generalité de Tours.

Du 26. Août 1732.

* Arrest du Conseil, concernant les Parcs & Pescheries, qui sont sur les Gréves du Ressort de l'Amirauté de Saint Malo, *contenant vingt-huit articles.*

Du 26. Août 1732

Arrest du Conseil, qui subroge au Sieur Chauvelin, Conseiller d'Estat, ci-devant Intendant de Picardie & Artois, le Sieur Chauvelin, Maître des Requêtes, actuellement Intendant & Commissaire départi dans lesdites Provinces, pour continuer les Procedures commencées en execution de l'Arrest du 4. Decembre 1731. sur les faits mentionnés dans le Procès verbal dressé par les Employés de la Brigade d'Ampliers, au Village d'Orville, le 18. Novembre precedent, à l'occasion du trouble apporté dans leurs fonctions, mauvais traitemens & emprisonnement du nommé Colmart, l'un desdits Employés, & informer du contenu en un autre Procès verbal dressé par les Employés de ladite Brigade d'Ampliers, le 18. Avril 1732. à l'occasion de nouveaux troubles & insultes qui leur ont été faites dans leur poste ; pour le tout joint, être par ledit Sieur Chauvelin, Maître des Requêtes, jugé souverainement & en dernier ressort par un seul & même Jugement.

Du 26. Août 1732.

Arrest du Conseil, qui révoque celui du 27. Mai 1732. & ordonne que les grains, farines & legumes venans du Levant & de Barbarie, & qui entreront par le Port de Toulon, & autres de Provence, seront exemts de tous Droits, generalement quelconques, comme avant ledit Arrest du 27. Mai 1732. & suivant & conformément aux ordres du 11. Avril 1729. & aux Arrests du Conseil des 29. Août 1730. & 15. Mai 1731. le tout jusqu'à ce qu'il en soit autrement ordonné par Sa Majesté.

Du 26. Aoust 1732.

Arrest du Conseil, qui déboute Carlier & ses Cautions de leur demande en cassation d'un Arrest de la Cour des Aydes, du 12. Fevrier 1732. qui a infirmé deux Sentences contra-

dictoires, renduës par les Juges des Traittes Foraines de
Montfaucon, les 7. Juillet & 14. Aoust 1731. par lesquelles
le Sieur Jean Buisson, Maistre de la Forge de Montblainville, dans le Clermontois, a été condamné au payement des
Droits de *Sortie des Mines* nécessaires à l'exploitation de ladite Forge, qu'il a fait enlever de l'interieur des Cinq Grosses
Fermes.

Du 26. Aoust 1732.

Arrest du Conseil, qui évoque & renvoye pardevant le
Sieur de Fontanieu, Intendant & Commissaire départi en
la Province de Dauphiné, les Procedures & Informations
qui pourroient avoir été faites ou commencées en quelque
Jurisdiction que ce soit, pour raison d'une rebellion & mauvais traitemens faits, tant au Capitaine general des Fermes
au Département du Haut Dauphiné, qu'aux Employés de la
Brigade à cheval, établie au poste de la Tour du Pin, par
les Habitans du Village d'Yseaux, à l'occasion d'une Visite
que lesdits Employés vouloient faire chez le nommé Do-
ruë, Cabaretier audit lieu, où ils avoient eu avis qu'il y avoit
un Entrepôt de Tabac de contrebande, ainsi qu'il en resulte
de leur Procès verbal du 10. Aoust 1732. circonstances &
dépendances, & être par ledit Sieur de Fontanieu, le Procès
instruit, fait & parfait aux auteurs, complices, participes ou
adherans des faits mentionnés audit Procès verbal, & par lui
jugé souverainement & en dernier ressort, en appellant avec
lui le nombre de Gradués requis par l'Ordonnance ; lui attribuant toute Cour, Jurisdiction & connoissance, icelle interdisant à toutes ses Cours & autres Juges ; lui permet de subdeleguer pour l'instruction, & de commettre pour faire les
fonctions de Procureur du Roy en ladite Commission, tels
Officiers ou Gradués qu'il voudra choisir ; Ordonne en outre que les Procedures commencées en quelque Jurisdiction
que ce soit, seront envoyées au Greffe de ladite Commission, à ce faire tous Greffiers & dépositaires contraints ; quoi
faisant, ils en demeureront bien & valablement quittes &
déchargés.

Du 26. Aoust 1732.

Arrest du Conseil, qui ordonne à M. le Procureur General de la Cour des Aydes de Roüen , d'envoyer à M. le Controlleur General des Finances , les motifs d'un Arrest de ladite Cour du 12. Juillet précedent , confirmatif d'une Sentence de l'Election de Ponteaudemer , qui avoit admis une Inscription de faux , formée par les nommés le Cesne & Adrien l'Abbé , habitans d'Honfleur , contre un Procès verbal de saisie de faux Tabac trouvé chez eux , quoi qu'ils n'eussent fait , passé ni signé leur inscription dans le tems fatal , pour ledits motifs vûs & examinés , être fait droit ainsi qu'il appartiendra ; toutes choses jusqu'à ce demeurant en état.

Du 2. Septembre 1732.

Arrest du Conseil , qui reçoit les Offres des Grand Prieur & Religieux de l'Abbaye de Crespin en Hainaut , de construire sur un terrain appartenant à ladite Abbaye , un Bastiment suffisant pour servir de Bureau des Traittes , & loger les Receveur , Controlleur & Employés d'icelui ; Ordonne qu'à compter du jour de la perfection dudit Bastiment, il sera payé par l'Adjudicataire general des Fermes , un loyer annuel de la somme de trois cens livres ausdits Grand Prieur , Religieux & Abbaye de Crespin, lesquels joüiront en outre du Bastiment servant actuellement de Bureau à Blanc-Misseron , à titre de Bail emphitheotique , ainsi que Sa Majesté en joüit , sans que pour raison, tant de l'ancien Bastiment qui leur est cedé , que pour le nouveau par eux construit , ils puissent être assujettis à aucuns Droits d'Amortissemens , ni les Fermiers desdits Droits prétendre aucune indemnité pour raison de ce.

Du 9. Septembre 1732.

* Arrest du Conseil, pour la prise de possession du Bail des Fermes Generales-Unies , sous le nom de Maistre Nicolas Desboves pendant six années, à commencer du premier Octo-

bre 1732, pour les grandes & petites Gabelles , Cinq grosses Fermes , Aydes , Papier & Parchemin timbrés des Provinces où les Aydes ont cours , & autres Droits y joints ; Et du premier Janvier 1733. pour les Domaines de France, Controlle des Actes des Notaires, Petits-Scels , Insinuations , Centiéme Denier , Greffes , Amortissemens , Francs-Fiefs & Droits y joints.

Permet audit Desboves de se servir des Timbres qui sont actuellement en usage.

Dispense les Employés de prêter nouveau Serment , & regle les Droits d'Enregistrement , tant dudit Arrest , que ceux de reception & prestation de Serment desdits Employés.

Du 23. Septembre 1732.

* Declaration du Roy , qui ordonne que les Affirmations des Procès verbaux des Employés de toutes les Fermes , pourront être par eux valablement faites devant les Juges des lieux , ou les plus prochains Juges , soit Royaux ou des Seigneurs , lesquelles Affirmations seront reçuës sans frais.

Registrée en la Cour des Aydes de Paris le 10. *Octobre* 1732.
Au Parlement de Dijon les 10. *Octobre* , 28. *Novembre & * 2. *Decembre* 1732.
En celui de Grenoble les 29. *Octobre & * 20. *Novembre* 1732.
A la Cour des Comptes , Aydes & Finances de Dole le trente Octobre 1732.
A la Cour des Aydes de Montpellier le 4. *Novembre* 1732.
Au Parlement de Bretagne le 24. *Novembre* 1732.
A la Cour des Comptes , Aydes & Finances d'Aix le 26. *Novembre* 1732.
Et au Conseil Superieur de Roussillon à Perpignan le 23. *Fevrier* 1733.

Du 23. Septembre 1732.

* Arrest du Conseil, qui proroge jusqu'au 15. Octobre 1733. l'exemption des Droits, portée par l'Arrest du onze Septembre 1731. sur les Bleds, Fromens & autres Grains , farines & le-

gumes qui feront tranfportés des Provinces des Cinq Groffes Fermes, dans les Provinces réputées Etrangeres, & des Provinces réputées Etrangeres, dans celles des Cinq Groffes Fermes, & défend le tranfport defdits Grains à l'Etranger.

Du 27. Septembre 1732.

* Declaration du Roy, *regiftrée à la Cour des Aydes le* 21. *Octobre* 1732. portant Reglement pour l'Entrée & tranfport dans le Royaume, des Caffés provenans des plantations & cultures de la Martinique, & autres Ifles Françoifes de l'Amerique y denommées , *contenant dix articles.*

Du 30. Septembre 1732.

Arreft du Confeil, qui évoque une Inftance pendante en la Cour des Comptes, Aydes & Finances d'Aix, fur l'appel interjetté par le Fermier, d'une Sentence du Juge des Fermes de Marfeille du 4. Avril 1732. qui avoit annullé un Procès verbal de Saifie faite par les Employés des Fermes, le neuf Septembre 1731. de cinquante-huit pieces de mouchoirs des Indes , trouvés fans aucune marque , & reclamés par Victor Perrier, Négociant de ladite Ville ; & faifant droit fur le tout, ordonne la confifcation defdits Mouchoirs au profit du Fermier.

Du 30. Septembre 1731.

* Arreft du Confeil & Lettres Patentes, portant exemption des Droits d'Entrée & de Sortie , fur les Denrées & Marchandifes que les Négocians François feront tranfporter dans les Colonies de la Loüifiane , & exemption pendant dix ans de tous Droits d'Entrées fur les Marchandifes & Denrées du crû & du commerce de ladite Colonie, *contenant six articles.*

Du 30. Septembre 1732.

Arreft du Confeil, qui ordonne que M. le Procureur General de la Cour des Aydes de Bordeaux, envoyera inceffamment

ment

ment à M. le Controlleur General des Finances, les motifs
d'un Arreſt de ladite Cour, du trois Septembre audit an ,
portant main-levée d'une Saiſie & confiscation de vingt Ba-
riques d'Eau-de-vie , prononcée par Sentence du Juge des
Fermes de ladite Ville du 27. May 1732. pour avoir été
déclarées de l'envoy d'un Hollandois, reſident à Bordeaux ,
joüiſſant comme les Bourgeois de l'Exemption de la moitié
des Droits de Sortie , au lieu que leſdites Eaux-de-vie étoient
réellement de l'envoy & pour le compte d'un Danois, auſſi
reſident dans la même Ville , & qui n'a pas le même privilege ; pour leſdits motifs vûs & rapportés , être ordonné ce
qu'il appartiendra , toutes choſes juſqu'à ce demeurant en
état.

Du 30. Septembre 1731.

Arreſt du Conſeil, qui ordonne que la Requeſte de Pierre
Carlier , tendante à la caſſation de deux Sentences de l'Amirauté , & à la confiscarion de quarante-cinq Saumons de
plomb , ſaiſis ſur le nommé Secré , Négociant à Morlaix ,
faute d'être accompagnés de Certificats conformes au Reglement du 3. Mars 1722. ſera communiquée audit Secré ,
pour y fournir de réponſes , & les remettre avec les Pieces
juſtificatives à M. le Controlleur General des Finances dans
deux mois , du jour de la ſignification dudit Arreſt , pour leſdites réponſes vûës, ou faute par lui d'en fournir dans ledit
délay , être ordonné ce qu'il appartiendra ; toutes choſes cependant demeurant en état.

F I N.